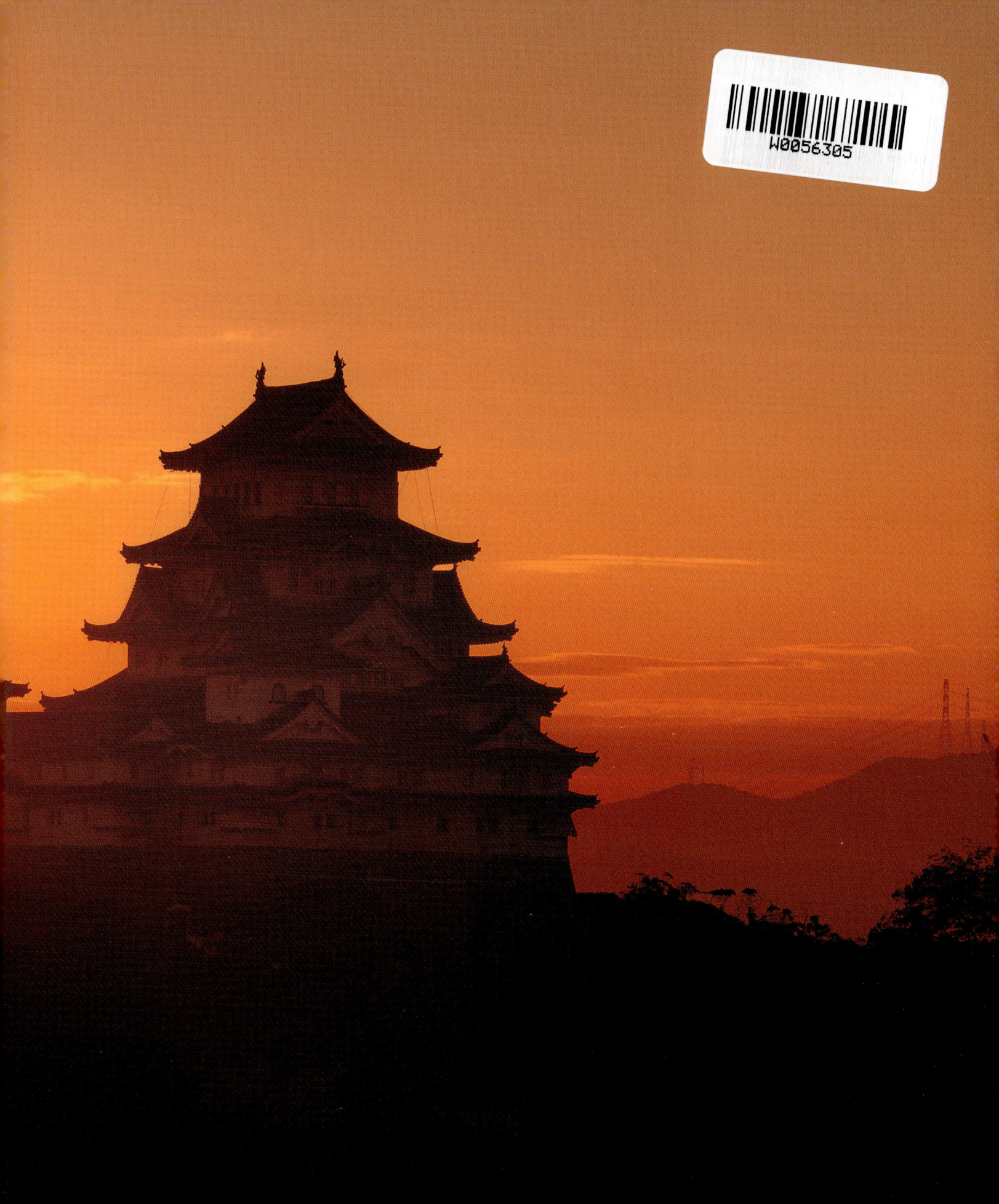

HIGHLIGHTS

JAPAN

DIE **50** ZIELE, DIE SIE GESEHEN HABEN SOLLTEN

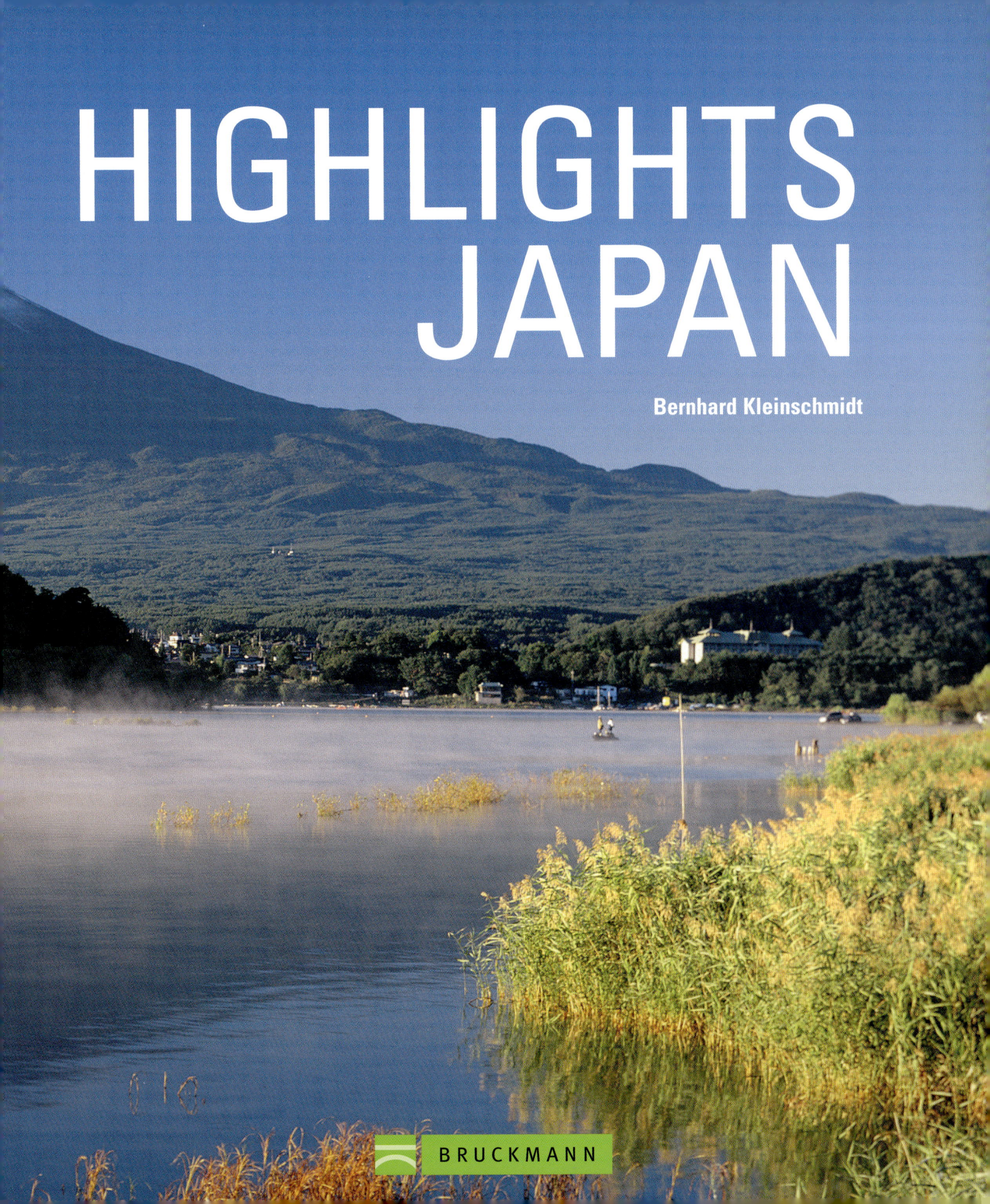

HIGHLIGHTS
JAPAN

Bernhard Kleinschmidt

BRUCKMANN

Spiel der Farben vor der kunstvollen Balkenkonstruktion des Engyo-ji in Himeji (oben). Durch einen gewaltigen Vulkanausbruch geschaffen wurden die schroffen Felswände der Schlucht von Takachiho, die man mit dem Ruderboot erkunden kann (Mitte). Im Herbst färben die kleinen Blätter des Japanischen Ahorns sich flammend rot (unten).

Inhaltsverzeichnis

Im Norden von Nagasaki liegt eine zauberhafte Inselwelt im spiegelglatten Meer (oben). Der Übergang zwischen innen und außen mit dem Blick in den Garten von der Veranda aus ist ein bestimmendes Merkmal der japanischen Architektur (Mitte). Vor den weißen Mauern der Burg von Himeji blühen üppige Azaleensträucher (unten).

JAPAN

RUSSLAND

MONGOLEI

CHINA

NORD-KOREA

SÜD-KOREA

MYANMAR

LAOS

THAILAND

TAIWAN

Huang He

Amur

Jangtsekiang

Irrawaddy

JAPANISCHES MEER

PAZIFISCHER OZEAN

HOKKAIDO

Wakkanai

Rishiri-Rebun-Sarobetsu-Nationalpark

Shiretoko-Nationalpark

SHIRETOKO-HALBINSEL 1

Abashiri

Kitami

Asahikawa

Kussharo-See

Akan-See

Mashu-See

Akan-Nationalpark 3

Kushiro-Nationalpark

Daisetsu-Zan-Nationalpark 2

Nemuro

Ishikari-Bucht

Ishikari

Otaru

4 **Sapporo**

Obihiro

Kushiro

Shikotsu-Toya-Nationalpark

Toya-See

Muroran

OKUSHIRI

Hakodate

Tsugaru-Straße

23

Aomori

Towada-Hachimantai-Nationalpark

Hirosaki

Hachinohe

Towada-See

Kakunodate

Morioka

Rikuchu-kaigan-Nationalpark

Miyako

5 Iwate-san

Jodogahama

Akita

6

HONSHU

Sakata

Dewa Sanzan

Rikuchu-kaigan-Nationalpark

Bandai-Asahi-Nationalpark

8

Yamagata

Hiraizumi

7

Sendai

Soma

Niigata

SADO

Bandai-Asahi-Nationalpark

Aizu-Wakamatsu

Inawashiro-See

Fukushima

Iwaki

Shina

Abukuma

Joshin'etsu-kogen-Nationalpark

Ojiya

Nikko

Nikko-Nationalpark

9

Mito

Kanazawa

21

Toyama

Nagano

Tone

Takayama

19

Chichibu-Tama-Nationalpark

10 11 12

Narita

Shirakawago

Hida-Gebirge

Fukui

20

Matsumoto

17

Kiso-Tal

Kofu

Fuji

15

13

Tokyo

Chiba

Eiheiji

18

Fuji-san

14

Yokohama

San'in-kaigan-Nationalpark

Kinosaki

Biwa-See

24

Nagoya

22

Fuji-Hakone-Izu-Nationalpark

Kamakura

Atami

OKI-INSELN

Tottori

25 26 27

Kyoto

Horyu-ji

30

Fuji

16 **IZU-HALBINSEL**

Daisen-Oki-Nationalpark

Taisha

Matsue

Mitoku-san

Uji

Nara

29

Shizuoka

IZU-INSELN

Izumo

36

Himeji

33

31

23

Toyohashi

Daisen-Oki-Nationalpark

Okayama

34

Kobe

Osaka

Ise

HONSHU

Kurashiki

Hiroshima

37

35

Takamatsu

Wakayama

32

Yoshino-Kumano-Nationalpark

Yamaguchi

Inlandsee

Imabari

Koya-san

TSUSHIMA

Shimonoseki

38

Tokushima

Kitakyushu

Tokuy

MIYAJIMA

Matsuyama

39

SHIKOKU

Fukuoka

Karatsu

Aso-Kuji-Nationalpark

Uwajima

40

Kochi

Tosa-Bucht

GOTO-INSELN

Nagasaki

Omuta

43

Beppu

Yufuin

44

Shimabata

42

Aso

Takachiho

Unzen-Amakusa-Nationalpark

41

Kumamoto

45

Nobeoka

Kyushu-Gebirge

KYUSHU

Sendai

Miyazaki

Chiran

47

46

Kagoshima

Ibusuki

YAKUSHIMA

48

TANEGASHIMA

siehe Karte rechts

0 ——— 100 km

TANEGASHIMA

YAKUSHIMA 48

Okinawa

49

OKINAWASHIMA

50

IRIOMOTE

0 ——— 100 km

Im Bambushain des Hokoku-ji, eines Zen-Tempels in Kamakura, wird Tee serviert (oben). Über dem Irori, der Feuerstelle eines alten Kaufmannshauses in Tsumago, hängt ein gusseiserner Wasserkessel (unten). Nächtlicher Blick über das Tokioter Wolkenkratzerviertel Shinjuku und das bis zum Horizont reichende Häusermeer (rechte Seite).

Japan – Inselreich im Osten Asiens

Reise durch ein facettenreiches Land

»In Wahrheit ist Japan nur eine Erfindung. Ein solches Land und ein solches Volk gibt es nicht.« Mit feiner Ironie charakterisiert diese Sentenz von Oscar Wilde, verfasst auf dem Höhepunkt der Japan-Mode um 1900, die geheimnisvolle Aura, die dem Inselreich am Rande des Pazifiks noch heute anhaftet. Seit Marco Polo erste Kunde von einem Land namens Cipangu brachte, das östlich von China liege und reich an Gold und Silber sei, beflügelt Japan die Fantasie Europas.

Auf dem Feuergürtel

Vom 45. bis zum 20. Breitengrad erstreckt sich die japanische Inselkette entlang des Pazifischen Feuerrings, eines Gürtels aus Vulkanen, der den Stillen Ozean umgibt. Hier stoßen verschiedene Kontinentalplatten aufeinander, an deren Rändern flüssiges Magma aufsteigen kann. Die 6852 Inseln und Eilande, die offiziell verzeichnet werden, sind also vulkanischen Ursprungs. Das erklärt ihre bergige Natur: Lediglich zwanzig Prozent des Landes sind flach genug, um für Landwirtschaft, Industrie und Besiedelung genutzt werden zu können. Die vulkanischen Kräfte sind nicht nur dafür verantwortlich, dass Japan immer wieder von kleinen – und manchmal auch größeren – Erdbeben erschüttert wird, sie sorgen auch für zahllose Thermalquellen. Auf allen Inseln gibt es Onsen, Thermalbadeorte jeder Größe, wo man sich wunderbar im heißen Wasser entspannen kann. Die abwechslungsreiche Berglandschaft lädt zu kurzen oder langen Wanderungen auf gut gekennzeichneten Pfaden ein.

Samurai und Geisha

Noch um die Zeitenwende bestand Japan aus vielen kleinen Herrschaftsgebieten, die von dem mythischen, im Süden von Nara gelegenen Reich Yamato aus allmählich vereinigt wurden. Entscheidend beeinflusst wurde die Kultur durch den Kontakt mit China, von dem im 5. Jahrhundert die Schrift übernommen wurde. Auch die Architektur und die traditionelle Bekleidung, der Kimono, sind von chinesischen Vorbildern wesentlich geprägt worden.

Erst im 8. Jahrhundert wurde mit Nara eine ständige Hauptstadt erbaut, die jedoch bald von Kyoto abgelöst wurde. Hier entwickelte sich eine aufs Höchste verfeinerte Kultur mit Künsten wie der Teezeremonie und dem Blumenstecken (Ikebana), die noch heute ausgeübt wer-

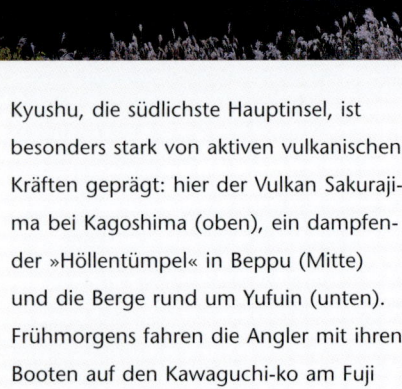

Kyushu, die südlichste Hauptinsel, ist besonders stark von aktiven vulkanischen Kräften geprägt: hier der Vulkan Sakurajima bei Kagoshima (oben), ein dampfender »Höllentümpel« in Beppu (Mitte) und die Berge rund um Yufuin (unten). Frühmorgens fahren die Angler mit ihren Booten auf den Kawaguchi-ko am Fuji hinaus (rechts).

den. Im 12. Jahrhundert übernahm der Schwertadel die Macht, gestützt auf die einem strengen Ehrenkodex folgenden Samurai. In der Kamakura-Zeit, benannt nach dem damaligen politischen Zentrum, erblühte ein expressiver Kunststil, der vor allem eindrucksvolle Skulpturen hervorgebracht hat.

Das 14. und das 15. Jahrhundert waren vor allem von bürgerkriegsähnlichen Wirren geprägt. Beendet wurden sie von drei Feldherrn, die als die großen Einiger Japans gelten: Oda Nobunaga, Toyotomi Hideyoshi und Tokugawa Ieyasu. Während die ersten beiden in Kyoto residierten, regierte Ieyasu als Shogun das Land von Edo, dem heutigen Tokyo, aus. Um ihre Macht zu schützen, sorgte die Tokugawa-Dynastie für eine strikte

Abschottung des Landes. Im streng reglementierten Ständestaat der Edo-Zeit entstanden neue Kunstformen wie das Kabuki-Theater mit seinen schillernden Kostümen und der Holzschnitt, der großen Einfluss auf die europäische Malerei hatte. Auch die hoch stilisierte Gestalt der Geisha ist ein typischer Ausdruck dieser Epoche.

Als Japan sich nach 1850 auf äußeren Druck hin wieder öffnen musste, stürzten reformwillige Kräfte den letzten Tokugawa-Shogun und führten Kaiser Meiji als Galionsfigur einer neuen Regierung nach Edo, das in Tokyo – »östliche Hauptstadt« – umbenannt wurde. Es folgte ein rapider wirtschaftlicher Aufschwung, der Japan innerhalb erstaunlich kurzer Zeit in den Kreis der Groß-

mächte aufsteigen ließ. Der rücksichtslose Expansionsdrang des Landes endete erst mit der katastrophalen Niederlage im Zweiten Weltkrieg. Seither hat Japan sich zu einer führenden Industrienation entwickelt, die besonders auf elektronischem Gebiet immer wieder mit überraschenden Neuerungen aufwartet.

Wer Japaner nach ihrer Religionszugehörigkeit fragt, erntet meist verlegene Blicke. Tatsächlich haben fast alle Bewohner des Landes eine zumindest lose Verbindung zu den beiden Religionen, die seit 1500 Jahren ein friedliches Nebeneinander pflegen: zu dem aus der alten Naturreligion entstandenen Shinto und dem aus China übernommenen Buddhismus. Shinto-Heiligtümer bezeichnet man im deutschen Sprachgebrauch als Schreine, buddhistische Heiligtümer als Tempel. An Letzteren befinden sich viele der wunderbar vielfältigen Gärten, für die Japan berühmt ist.

Von Nord nach Süd

Unsere Reise beginnt im hohen Norden auf der rauen Shiretoko-Halbinsel und endet auf der im blauen Pazifik liegenden Insel Iriomote, auf der ein üppiger subtropischer Urwald wächst. Eines der ersten Ziele ist der weitläufige Daisetsuzan-Nationalpark auf Hokkaido mit Vulkanen und alpiner Flora. Es folgt der Norden von Japans Hauptinsel Honshu, wo sich der Kult der Bergasketen erhalten hat.

Am Rand der Ebene von Kanto, in der sich die größte Metropolregion der Welt ausbreitet, stehen die opulent

In leuchtendem Rot erstrahlen die Bauten des Heian-Schreins von Kyoto unter dunklen Ziegeldächern (links). Bei einem Tagesauflug erschließt sich die Landschaft des Biwa-Sees östlich der alten Hauptstadt: das Tor des Mii-dera in Otsu (oben), die hübsche kleine Burg von Hikone (Mitte), Torii am Shirahige-Schrein bei Sonnenuntergang (unten).

geschmückten Schreine von Nikko, Gedenkstätte für den Shogun Tokugawa Ieyasu. Von hier geht es nach Tokyo, ins quirlige Zentrum des Ballungsgebiets, in dem etwa 37 Millionen Menschen leben. Nicht weit davon entfernt thront der Große Buddha von Kamakura zwischen grünen Hügeln.

Ein Ausflug durch den gebirgigen Rücken von Honshu führt über Matsumoto mit seiner eleganten schwarzen Burg ans Japanische Meer und wieder zurück nach Takayama, wo Erinnerungen an die Edo-Zeit wach werden.

In der Mitte von Honshu stehen die alten Hauptstädte Nara und Kyoto, die Wiege der japanischen Kultur. Idyllisch wird es an der Inlandsee, in der die Schrein-Insel Miyajima mit ihrem mäch-

tigen roten Torii liegt. Auf einen Abstecher nach Shikoku, die kleinste der vier Hauptinseln, folgt Kyushu mit der alten Hafenstadt Nagasaki, die jahrhundertelang das Tor zur Welt war.

Den Abschluss macht die subtropische Inselkette von Okinawa, die sich in weitem Bogen durch den Pazifik zieht.

Wer ein so vielfältiges Land wie Japan besuchen will, muss eine Auswahl treffen. Je nachdem, ob man sich mehr für die Kultur oder aber für die Naturschönheiten des Landes begeistert, wird die Reiseroute unterschiedlich aussehen. Die Bilder und Texte dieses Bandes bieten eine Entscheidungshilfe – und wollen Lust auf eine Reise machen, die dem Besucher gewiss lange Zeit in Erinnerung bleiben wird.

Lotosblüten in einem Tempelgarten und eine Teeplantage in Uji (oben und Mitte), meditierender Buddha am Asakusa-Tempel von Tokyo (unten), Morgennebel auf dem Kinrin-See beim Badeort Yufuin auf Kyushu (rechts), leuchtende Herbstfarben im Momiji-dani, dem Ahorntal der Schrein-Insel Miyajima (rechte Seite).

Bizarre Eisskulpturen beim Schneefest von Sapporo (oben), Brücke inmitten des dichten Waldes am Haguro-san, einem der drei heiligen Berge Dewa Sanzan im Norden Honshus (Mitte), Ezo-Hirsch in der unberührten Natur des Shiretoko-Nationalparks (unten), winterliche Stimmung am Schrein des Tazawa-ko (rechts).

Der Norden

1 Shiretoko-Halbinsel

An den Küsten des Nordmeers

Im äußersten Nordwesten von Hokkaido ragt die Shiretoko-Halbinsel wie ein Finger ins kalte Ochotskische Meer. Vulkane ziehen sich an ihrem schroffen Rücken entlang, überall sprudeln heiße Quellen aus dem Fels. Um ihre einzigartige Flora und Fauna zu schützen, wurde sie von der UNESCO 2005 zum Weltnaturerbe erklärt.

In vielen Regionen von Hokkaido sind vulkanische Kräfte am Werk (oben). Auf Shiretoko bleibt die Natur großteils sich selbst überlassen (unten). Lohn der Wanderung: ein genüssliches Bad im dampfenden Wasser oberhalb des Kamuiwakka-Falls (rechte Seite unten). Wie ein Finger ragt die Shiretoko-Halbinsel ins Ochotskische Meer (rechte Seite oben).

Hokkaido« heißt schlicht »Nordmeerbezirk«. Diesen unromantischen Namen erhielt Japans zweitgrößte Insel erst im späten 19. Jahrhundert, vorher hieß sie Ezochi, Land der Ezo, wie man früher die dortigen Ureinwohner, die Ainu, nannte. Über diese gibt ein 1565 verfasster Brief des portugiesischen Jesuitenmissionars Luis Frois folgende Auskunft: »Im Norden Japans gibt es ein großes Königreich, und die Bewohner sind Barbaren mit langen Haaren am ganzen Körper. Sie trinken gern, sind tapfer und von den Japanern sehr gefürchtet.«

Japans letzte Wildnis

Kein Wunder, dass man sich um die ungastliche Region, fern vom Zentrum Honshus, wo sich die japanische Kultur entwickelte, lange Zeit kaum kümmerte. Es war nicht einmal bekannt, dass es sich bei Hokkaido um eine Insel handelt. Selbst auf den ersten europäischen Karten ist es meistens mit Sibirien verbunden, wenn es nicht über den Kartenrand hinausragt oder ganz fehlt. Erst als der

französische Seefahrer Jean-François de La Pérouse 1787 auf seiner später tragisch gescheiterten Weltumsegelung durch die heute nach ihm benannte Meerenge zwischen Sachalin und Hokkaido fuhr, war zweifelsfrei bewiesen, dass man es tatsächlich mit einer Insel zu tun hatte.

Von den Japanern besiedelt wurde zunächst – das heißt im 15. Jahrhundert – nur der klimatisch begünstigte Südosten mit der Hafenstadt Hakodate, wo sich der Matsumae-Clan festsetzte. Vom Shogun wurde ihm das ausschließliche Recht zum Handel mit den Ainu verliehen, auf den sich sein Wohlstand gründete. Erst als sich die Regierung in Tokyo um 1870 Sorgen wegen einer russischen Invasion machte, entschloss man sich, ganz Hokkaido unter Kontrolle zu bringen.

Heute ist Hokkaido immer noch ländlich geprägt. Große Teile der Insel werden landwirtschaftlich genutzt, aber es gibt auch Regionen, die so abgelegen sind, dass sich ihr natürlicher Zustand erhalten hat – eine Seltenheit im sonst so

dicht besiedelten Japan. Zu ihnen zählt die Shiretoko-Halbinsel, deren Name aus der Ainu-Sprache stammt. Er bedeutet »Ort, wo das Land vorsteht« oder schlicht »Ende der Welt«. Das nordöstliche Ende Japans ist Shiretoko auf jeden Fall, zumindest seit die früher zu Japan gehörenden Kurileninseln Kunashiri, Etorofu und Shikotan am Ende des Zweiten Weltkriegs von der Sowjetunion besetzt wurden. Seither sind diese kargen Eilande, die direkt neben Shiretoko im Meer liegen, ein ewiger Zankapfel zwischen Japan und Russland.

Thermalbad am Wasserfall

Blickt man von den Bergen von Shiretoko übers Meer, wo am Horizont Kunashiri aufragt, kann man sich kaum vorstellen, dass dieser stille, windzerzauste Winkel der Erde irgendwelches Konfliktpotenzial bietet. Das Rückgrat der Halbinsel bildet eine Kette von Vulkanen, von denen der Rausu-dake mit 1660 Metern der höchste ist. Wie der Fuji ist er ein Schichtvulkan. Ausgangspunkt für die Erkundung der Region ist das Thermalbad Utoro, von dessen wenig ansprechendem Ortsbild man sich nicht irre machen sollte. Nur eine halbe Stunde entfernt bieten die fünf Seen Shiretoko-go-ko einen ersten Eindruck von der idyllischen, aber herben Natur. Wenig später ist Iwaobetsu Onsen erreicht, ein ruhiges Thermalbad mit allerhand angenehmen Unterkünften. Östlich des Ortes, wo die Straße endet, beginnt der Wanderweg zum 1564 Meter hohen Vulkan Iozan. Der Aufstieg ist eine durchaus anstrengende Tagestour, die man jedoch nicht auf sich nehmen muss, um eine der Hauptattraktionen des Nationalparks zu sehen, den spektakulären Thermalwasserfall Kamui-wakka-no-taki. Ein Stück weiter oben kann man sich in einem natürlichen Felsbecken im warmen Wasser aalen, mit Blick auf die Berge und den Ozean.

SHIRETOKO MUSEUM

Eine gute Einführung in Kultur und Natur der Halbinsel bietet dieses Museum in der Kleinstadt Shari, dem nördlichen Tor zur Halbinsel. Die Ausstellung im Erdgeschoss informiert über Geschichte und Brauchtum der Region; im Obergeschoss kann man sich mit der vielfältigen Fauna und Flora bekannt machen.
Website: www.shir-etok.myftp.org/page/english/english.html
Übernachtungstipp: Kein Grandhotel, wie der Name suggeriert, aber eine sehr angenehme Bleibe ist das **Shiretoko Grand Hotel Kitakobushi** in Utoro. Manche der Zimmer haben ein kleines Thermalbecken, ansonsten bietet sich vom großen Bad im 8. Stock ein schöner Blick aufs Meer.
Tel. (0152) 24 2021, Fax (0152) 24 2839, www.shiretoko.co.jp/english.

WEITERE INFORMATIONEN ZU SHIRETOKO

Shiretoko Nature Foundation: Büro in Shari, Tel. (0152) 24 2114, www.shiretoko.or.jp/en.
UNESCO:
www.whc.unesco.org/en/list/1193

2 Daisetsu-zan-Nationalpark – Wanderungen durch unberührte Natur

Durchs Land der Vulkane

Japans größter Nationalpark ist auch einer der wenigen des Landes, in denen weitgehend ungehindert die Natur regiert. Sein weites Hochland mit den Gipfeln aufeinander getürmter Schichtvulkane ist Rückzugsgebiet für eine Vielzahl wilder Tiere, darunter Braunbären. Der Park ist ideal für lange Wanderungen, nach denen man sich in rustikalen Thermalbädern entspannen kann.

An der kahlen Flanke des Asahi-dake steigen Schwefeldämpfe in den blauen Himmel (oben). Wasserfälle rauschen über die steilen Felsgebilde der Schlucht von Sounkyo (unten). Auf ausgiebigen Wanderungen erschließt sich die herbe Schönheit des Daisetsu-zan-Nationalparks am besten (rechte Seite).

Die japanischen Inseln liegen am Rand des pazifischen Feuergürtels, der beiderseits des Ozeans von Sibirien und Alaska bis zur Antarktis reicht. In seinem westlichen Teil befindet sich fast die Hälfte aller Vulkane der Welt, und Hokkaido besitzt nicht wenige davon. Allein der Daisetsu-zan-Nationalpark, mit 2267 Quadratkilometern der größte Japans, besteht aus drei Gruppen von Schichtvulkanen, die ein zentrales Hochland umgeben. Schichtvulkane tragen ihren Namen, weil sie aus einzelnen Schichten von Lava und lockeren Ablagerungen bestehen. Ihr berühmtester Vertreter in Japan ist der Fuji-san, mit dessen singulärer Perfektion die Bergwelt von Daisetsu-zan freilich nicht konkurrieren kann. Dafür hat ihre herbe Schönheit einen ganz eigenen Reiz.

Schneeberge und Bären
Der mit 2291 Metern höchste Berg der Region, der Asahi-dake, besaß früher tatsächlich eine ideale Kegelform, bevor sich ein Schlot an seiner Flanke bildete und diese bei einer gewaltigen Explosion in Trümmer legte. Genau an dieser Stelle führt der Pfad zum Gipfel vorbei. Rauch steigt aus den Spalten im zertrümmerten Fels, der rund um die Öffnungen schweflig gelb gefärbt ist. Oft muss man durch Nebel aufsteigen, um am Gipfel, der über die Schwaden hinausragt, einen Rundblick genießen zu können.

Aufgrund der nördlichen Lage dauert die Wandersaison nur von Juni bis Anfang September – nicht umsonst bedeutet Daisetsu-zan »großer Schneeberg«. Den Auf- oder Abstieg zum Asahi-dake und zum Kuro-dake (1984 m) kann man sich mit den dortigen Seilbahnen erleichtern. Auch in deren Nähe hält sich der touristische Rummel sehr in Grenzen, und sobald man den engen Radius der Spaziergänger überschritten hat, wird es ruhig.

Wer Glück hat, kann einen der in der Gegend zahlreichen Braunbären beobachten, was allerdings Geduld und Aufmerksamkeit erfordert, denn die Tiere sind sehr scheu.

Im Wechsel der Jahreszeiten

Bekannt ist der Park nicht nur wegen des aktiven Vulkanismus, sondern auch wegen der über zweihundert Arten von Bergblumen. Besonders in den Monaten Juli und August verwandeln manche Wiesen sich in ein Blütenmeer. Im Herbst verfärbt das Laub der unteren Zonen sich zu einer fast unwirklich wirkenden Palette aus Gelb- und Orangetönen, die einen bunten Kontrast zu den grauschwarzen Aschefarben der schroffen Berghänge bilden.

Im Park gibt es einige Berghütten, die bei mehrtägigen Wanderungen genützt werden können. Unterkunft in den verschiedensten Preislagen bietet eine Reihe von Thermalbadeorten, auf Japanisch »Onsen«. Wie überall in Japan hat man sich kaum die Mühe gemacht, die Architektur der Hotels mit der Landschaft in Einklang zu bringen. Besser, man blendet das aus, als sich darüber zu ärgern. Sounkyo Onsen in der Mitte der gleichnamigen Schlucht ist der größte dieser Orte. Ein spektakulärer Wanderweg führt von dort aus zum wesentlich ruhigeren Asahidake Onsen, Talstation der Seilbahn zum Asahi-dake. Hier gibt es besonders viele Möglichkeiten für kleinere Wanderungen und Spaziergänge durch die Vulkanlandschaft. Empfehlenswert ist auch der kleine Ort Tenninkyo. Er liegt in einer bewaldeten Schlucht, über deren Hang sich ein siebenstufiger Wasserfall ergießt.

FACHWERK-IDYLLE

Es ist ein wenig merkwürdig, auf Hokkaido mit dezidiert europäisch anmutendem Fachwerk konfrontiert zu werden, doch das schlossartige »La Vista Daisetsuzan« in Asahidake Onsen ist durchaus gelungen. Vor allem hebt der Bau sich erfreulich von den sonst üblichen Betonklötzen ab. Dieser Eindruck setzt sich im Inneren fort – Gästezimmer und Restaurant sind ausgesprochen stilvoll und gemütlich eingerichtet. Ein besonderes Plus sind die Thermalbecken mit Innen- und Außenbereich. Abends hat man die Wahl zwischen zwei Restaurants mit französischer beziehungsweise regionaler Küche.
La Vista Daisetsuzan, Asahidake Onsen, Fax (0166) 97-2345, www.japan-ryokan.net/lavistadaisetsuzan

WEITERE INFORMATIONEN ZUM DAISETSU-ZAN-NATIONALPARK

JNTO Frankfurt: Kaiserstr. 11, 60311 Frankfurt, Tel. (060) 203 53, Fax (069) 284 281, www.jnto.de
Websites: www.sounkyo.net/english, www.wakasaresort.com/eng; www.daisetsuzan.or.jp

HOKKAIDO
Shiretoko-Nationalpark
Abashiri
Kitami
Daisetsu-zan-Nationalpark
Kussharo-See
Akan-See Mashu-See
Akan-Nationalpark
Kushiro-Nationalpark
Nemuro
Kushiro
Obihiro

Im weiten, grünen Sumpfland des Kushiro-Nationalparks (oben) haust eine Population des seltenen Mandschurenkranichs, der im Winter anmutige Balztänze aufführt (rechte Seite). In solchen Strohhütten lebten früher die Ainu, die mit den Völkern Sibiriens verwandten Ureinwohner Hokkaidos (unten).

3 Kushiro und Akan-Nationalpark

Kraniche und heiße Quellen

Kushiro ist ein moderner Verwaltungssitz, gilt als kühlste Großstadt Japans und wäre nicht weiter erwähnenswert, würde in der Nähe nicht eine Population des äußerst seltenen Mandschurenkranichs – japanisch *Tancho* – leben. Erkennbar ist er an seinem auffälligen roten Schopf. Als altes ostasiatisches Symbol von Glück und Treue ist er der Wappenvogel Japans und auch das beliebteste Origami-Motiv. Aufgrund dieser Bedeutung – und weil er schon fast ausgestorben war – hat man sein Habitat, ein weites Feuchtgebiet nördlich von Kushiro, zum Schutzraum erklärt. Als Kushiro-Shitsugen-Nationalpark ist dieser der jüngste Nationalpark Japans.

In der warmen Jahreszeit ist der Park nur für eingefleischte Vogelliebhaber von Interesse, auch wenn die flache, weite Landschaft ihren eigenen Charme hat. Die verschiedenen Beobachtungspunkte sind vor allem für die langen Wintermonate geschaffen, wenn die Kraniche sich zu Gruppen versammeln und ihre Balztänze aufführen. Die anmutigen Bewegungen der eleganten, feingliedrigen Vögel im Schnee sind ein unvergessliches Erlebnis, das man freilich mit einer nicht kleinen Schar gut ausgestatteter Hobbyfotografen teilen muss.

Tour auf den Vulkan

Eineinhalb Autostunden weiter nördlich liegt der Akan-Nationalpark, ein bergiges Gebiet mit drei kristallklaren Seen und lebhafter Vulkantätigkeit. Er ist relativ touristisch, bietet jedoch auch gute Wandermöglichkeiten. Für die Rundfahrt empfiehlt sich ein Mietwagen, um nicht auf die Bustouren angewiesen zu sein, die auf den japanischen Geschmack abgestimmt sind. Der größte Ort ist das Thermalbad Akan Kohan Onsen mit Unterkünften in jeder Preislage. Es ist Ausgangspunkt für die zwei interessantesten Wanderungen im Park, die Besteigung der Vulkane O-Akandake und Me-Akandake. Besonders auf Letzterem bietet sich nicht nur ein eindrucksvoller Rundblick, sondern am Gipfel des sich ständig verändernden Berges dampfen auch Fumarolen aus dem fahlen vulkanischen Geröll.

Geschmackssache ist das »Ainu-Dorf« Ainu Kotan am Akan-See, wo es in erster Linie um Shopping meist kitschiger Sou-

BADEN MIT STIL

Ausgesprochen einfallsreich gestaltet sind die Bäder im »Yuku-no-Sato«, einem luxuriösen Hotel am Akan-See. Von Naturstein umgeben ist das Außenbecken direkt am See mit Blick auf die Berge; ein anderes Bad greift mit seiner rustikalen Holzverkleidung auf die Tradition des ländlichen Badehauses zurück. Daneben gibt es aber auch – undenkbar in früheren Onsen-Hotels – Sauna, Jacuzzi-Becken und Massage-Wasserfall. Die Küche bietet exzellente regionale Spezialitäten – wer möchte, bekommt das Essen aufs Zimmer serviert. Für Gäste, die nicht auf Tatami schlafen wollen, gibt es auch Zimmer im westlichen Stil.

Akan Yuku-no-Sato Tsuruga:
Akan-ko Onsen, Tel. (0154) 67-2311, www.tsuruga-g.com

WEITERE INFORMATIONEN ÜBER KUSHIRO UND DEN AKAN-NATIONALPARK:

Akan Tourism Association: Tel. (0154) 67-3200, Fax (0154) 67-3024.
Websites: www.kushiro-kankou.or.jp/english, www.lake-akan.com/en

venirs mit Bären- und Vogelmotiven geht. Immerhin ist es einer der wenigen Orte der Welt, wo man echte Ainu-Küche kosten kann, und auch die aufgeführten Tänze haben authentischen Charakter. Auf die Japaner üben die Ainu eine merkwürdige Faszination aus, sind sie doch in diesem Land, das viel auf seine vermeintliche ethnische Einheitlichkeit gibt, das letzte sichtbare Überbleibsel der Völker, die früher die Inseln besiedelten, heute jedoch vollständig assimiliert sind. Nach offizieller Zählung leben noch etwa 25 000 Ainu auf Hokkaido, die aber wohl alle einen gemischten ethnischen Hintergrund haben. In Form einiger traditioneller Feste und Rituale lebt ihre Kultur, deren Pflege inzwischen auch offiziell gefördert wird, in bescheidenem Umfang fort.

Dampfende Schwefelschwaden

Wunderschön ist der Blick auf den zur Gänze geschützten stillen Mashu-See, der nur von zwei Aussichtspunkten aus betrachtet werden kann. Sein klares Wasser, über dem Nebelschwaden hängen, füllt einen erloschenen Vulkankrater. Im ruhigsten Teil des Nationalparks liegt der Kussharo-See.

Im Sommer kann man hier baden oder die Füße in den geothermal aufgeheizten Sand einbuddeln.

Ein Spaziergang führt zu dem kleinen Vulkan Io-zan, wo Schwefeldämpfe aus dem Boden quellen. Der Genuss der darin gegarten, außen kohlschwarz gewordenen Eier, die hier verkauft werden, wirkt angeblich lebensverlängernd, worauf man sich aber nicht verlassen sollte.

4 Sapporo – Schneeskulpturen am Boulevard

Metropole des Nordens

Historische Bauten hat Sapporo – seit den Olympischen Winterspielen 1972 Partnerstadt Münchens – kaum zu bieten. Dafür hat die Hauptstadt Hokkaidos ein modernes, großzügiges Flair.

Gegründet wurde Sapporo 1869 als Verwaltungssitz der Insel Hokkaido. Wenig später entstand dort eine Landwirtschaftsschule, zu deren Leiter man den amerikanischen Wissenschaftler William S. Clark berief. Die Abschiedsworte, die er am Ende seines achtmonatigen Aufenthalts an seine Studenten richtete, wurden zum Motto der Universität Hokkaido: »Boys, be ambitious!« – »Jungs, ehrgeizig müsst ihr sein!«

Weltweit bekannt ist Hokkaido durch sein Schneefest in der ersten Februarwoche, wenn Teams aus aller Welt, darunter Soldaten der japanischen Armee, Hunderte von Schnee- und Eisskulpturen errichten. Beliebtestes Motiv sind berühmte Gebäude, die maßstabsgetreu nachgestaltet werden. Für manche Skulpturen werden über tausend Lastwagenladungen Schnee herangekarrt. Mittelpunkt des Fests ist der Odori-Park, eine Grünanlage zwischen zwei der Boulevards, von denen die Atmosphäre der großzügig angelegten Metropole geprägt ist.

Bummel im Park

In der warmen Jahreszeit kann man in Hokkaido durch eine ganze Reihe interessanter Parks spazieren, darunter der Moerenuma-Park mit avantgardistischen Landschaftsskulpturen, entworfen von dem japanisch-amerikanischen Bildhauer Isamu Noguchi (1904–1988), und der große Botanische Garten der Universität.

WEBSITES ZU SAPPORO

www.welcome.city.sapporo.jp/english, www.snowfes.com/english

In den Ausflugsorten wird die Kultur der Ainu für touristische Zwecke ausgeschlachtet (linke Seite oben). Morgendämmerung am Kussharo-See im Akan-Nationalpark (linke Seite unten). Die fantasievollen Skulpturen des Schneefests (oben) sind die bekannteste Attraktion von Sapporo, einer lebhaften Großstadt mit Erinnerungen ans 19. Jahrhundert (unten und links).

5 Morioka – Provinzhauptstadt mit rauem Charme

In der Residenz des Nambu-Clans

Wer in den Norden Honshus fährt, kommt automatisch durch Morioka. Die Gelegenheit, die sympathische, lebendige Stadt kennenzulernen, sollte man sich nicht entgehen lassen.

Jahrzehntelang endete die Strecke des Tohoku Shinkansen in Morioka, und das hatte seine Gründe. Auch wenn die Strecke inzwischen ein gutes Stück weitergeführt wurde – und irgendwann sogar Sapporo erreichen soll –, ist die Hauptstadt der Provinz Iwate der letzte größere Ort im Norden von Tohoku, dann wird es entschieden ländlich. Mit seinen 300 000 Einwohnern ist Morioka nicht nur Verwaltungssitz, sondern auch kulturelles und wirtschaftliches Zentrum der Region.

Ursprünglich bewohnten die Emishi die Gegend, ein wahrscheinlich mit den auf Hokkaido heimischen Ainu verwandtes Volk, das vom 8. bis zum 12. Jahrhundert sukzessive unterworfen und anschließend so vollständig assimiliert wurde, dass nicht mehr viel über seine Kultur bekannt ist. Anschließend übernahmen die nördlichen Fujiwara von Hiraizumi die Kontrolle, später war Morioka die Residenz des kriegerischen Nambu-Clans, der eine mächtige Burg erbauen ließ. Wie die meisten Festungen Japans wurde sie während der Meiji-Restauration um 1870 zerstört, um nicht als

Rebellenstützpunkt dienen zu können. Im Falle Moriokas war das nicht nur prophylaktisch gemeint, denn die traditionell gesinnten Nambu hatten sich der Koalition nördlicher Gebietsfürsten angeschlossen, die sich der Öffnung Japans mit kriegerischen Mitteln widersetzten. Das skurrile Ende der Rebellion war der Versuch, auf Hokkaido eine separatistische Republik zu errichten.

Die Eisengießereien

Bekannt ist Morioka seit alters durch seine exquisiten Eisenwaren, die im ganzen Land vertrieben werden. Die gusseisernen Wasserkessel gehörten früher in jeden japanischen Haushalt; in Bauernhäusern wurden sie über den offenen, mit Holzkohle beheizten Herd gehängt, der im Boden eingelassen war. Wie vielerorts in Japan hat sich die handwerkliche Tradition auf höchstem Niveau gehalten. Hergestellt werden die Stücke in einer Form aus Lehm oder Sand, in welche die feinen, meist knopfartigen Ornamente einzeln eingedrückt werden. Was das Design angeht, dominieren zwar die alten Formen, es gibt aber

Im alten Kaufmannsviertel von Morioka geht es geruhsam zu (oben). Handwerkliches Hauptprodukt der Stadt sind formschöne Gegenstände aus Gusseisen (unten). Fantasievoll sind die fünfhundert Holzfiguren im Ho'onji (rechte Seite oben). Beim Chagu-Chagu Umakko werden geschmückte Pferde durch die Stadt geführt (rechte Seite unten).

auch ausgesprochen hübsche moderne Stücke, die oft farbig lackiert sind. Die edelsten Objekte stellt Suzuki Morihisa her; den Produktionsprozess beobachten kann man im Iwachu Tekkikan.

Ein Kleinod buddhistischer Skulptur

Ein außergewöhnliches Motiv buddhistischer Kunst lässt sich im Ho'on-ji bewundern, dem früheren Haupttempel der Stadt und Familienheiligtum des Nambu-Clans. Durch ein opulentes Tor gelangt man in den Innenbezirk. In einem Nebengebäude ist der größte Schatz des Tempels untergebracht, die Statuen der fünfhundert Jünger Buddhas. Wie in einer Kunstgalerie sitzen sie brav nebeneinander aufgereiht auf an der Wand angebrachten Regalen. Jede einzelne der um 1730 in Kyoto geschnitzten Figuren ist ein kleines Meisterwerk, und jede hat ihren ganz eigenen Ausdruck. Zwei der Skulpturen stellen angeblich keine klassischen Buddha-Jünger dar, sondern historische Gestalten: Marco Polo und Kublai Khan. Das soll demonstrieren, dass jeder dem Buddha nachfolgen kann, selbst der wilde Mongolenherrscher, der im 13. Jahrhundert gleich zwei Mal versuchte, Japan zu erobern und nur mit der Unterstützung zweier Taifune – von den dankbaren Japanern als Kamikaze oder »Götterwind« bezeichnet – zurückgeschlagen werden konnte.

Vorbeischauen sollte man auch bei den riesigen Wallanlagen, die von der alten Burg übrig geblieben sind. Nördlich davon steht ein sorgsam gehegtes Naturdenkmal, ein drei- bis vierhundert Jahre alter Kirschbaum, dessen Wurzeln den Granitklotz gespalten haben, aus dem er wächst. Abends findet man im lebhaften Ausgehviertel der Stadt eine Vielzahl origineller Restaurants und gemütlicher Kneipen. Der einheimische Sake ist ausgesprochen süffig.

BUNTE FESTE

Japanische Volksfeste dienen nicht nur der Pflege alter Traditionen, sie werden auch heute noch äußerst fröhlich gefeiert, besonders in der Provinz. Morioka war früher ein wichtiges Zentrum der Pferdezucht, und zum bekanntesten Fest des Ortes gehört ein Umzug farbenprächtig geschmückter Rösser. Es findet am zweiten Junisamstag statt und heißt Chagu-Chagu Umakko, ein Wortspiel mit dem Bimmeln der Glöckchen, mit denen die Pferde behängt sind. Ebenso bunt ist der Umzug beim Fest des Hachiman-Schreins Mitte September. Dann besteht auch die Gelegenheit, einen nur noch sehr selten gepflegten Samurai-Sport zu bewundern: Yabusame, Bogenschießen vom galoppierenden Pferd aus.

WEITERE INFORMATIONEN ZU MORIOKA

Morioka Tourist Information Center: Plaza Odette, Nakanohashi-dori, Tel. (019) 653 4422
Websites: www.iwatetabi.jp/en, www.city.morioka.iwate.jp, www.suzuki-morihisa.com

6 Kakunodate und Tazawa-ko

Samurai-Häuser und Badefreuden

Inmitten der ländlichen Stille der Präfektur Akita liegt Kakunodate, eine kleine Stadt mit einem der hübschesten Samurai-Viertel, die in Japan erhalten sind. Ganz in der Nähe, im idyllischen Tazawa-See, kann man sich im Thermalwasser aalen.

Als der Zug aus dem langen Grenztunnel herauskroch, lag das Schneeland vor ihm. Die Nacht wurde weiß bis auf den Grund. An der Signalstation hielt der Zug.« So beginnt »Schneeland« (1948), der wohl wichtigste Roman des Nobelpreisträgers Yasunari Kawabata (1899 bis 1972). Die kurze Passage schildert treffend den Eindruck, den man hat, wenn man im Winter von Osten her kommend die Wetterscheide überwindet, die das gebirgige Rückgrat der Insel Honshu bildet. In den kalten Monaten weht der Wind von Sibirien her und lädt sich über dem Japanischen Meer mit Feuchtigkeit auf, die sich im Nordwesten Japans in Form gewaltiger Schneemassen niederschlägt. Fernab von den urbanen Zentren im Süden geht das Leben hier einen geruhsamen Gang. Land- und Forstwirtschaft, aber auch der Fischfang prägen die Wirtschaft der Region.

Ländliche Eleganz

Kakunodate, gegründet Anfang des 16. Jahrhunderts von einem unbedeutenden Gebietsfürsten aus dem Hause Ashina, wäre eine typische Kleinstadt, wie man in der Gegend viele findet, hätte sich hier nicht ein kleines Viertel mit Samurai-Wohnstätten erhalten. Im 17. Jahrhundert bestand der Ort aus über 350 Kaufmanns- und etwa achtzig Samurai-Häusern. Von Letzteren ist noch ein Dutzend übrig. Traditionell wohnten die Krieger mit ihren Familien rund um die Burg des Fürsten, wobei es deutliche Standesunterschiede gab. Während die führenden Samurai – gleichzeitig Offiziere und Verwaltungsbeamte – sich ein üppigeres Anwesen leisten konnten, hausten die Schwertkämpfer niederen Ranges sehr bescheiden und mussten sich oft einen Nebenerwerb suchen. In Kakunodate war dies die Herstellung eleganter Gebrauchs- und Ziergegenstände aus polierter Kirschbaumrinde. Dieses Handwerk wird hier noch heute in hoher Qualität ausgeübt.

Die Samurai-Häuser des Ortes stehen, von dunklen, hölzernen Zäunen geschützt, unter mächtigen alten Bäumen. Viele davon sind Kirschbäume, was zur Blütezeit ein märchenhaftes Bild abgibt. Sechs der Anwesen können besichtigt werden, teils mit, teils ohne Eintrittsgebühr. An der Größe von Haus

Ein kleines, aber feines Viertel mit von alten Bäumen beschatteten Samurai-Häusern ist in Kakunodate zu bewundern (oben). Allerhand urige Badebecken gibt es im Onsen Kuroyu (rechte Seite oben), einem der ländlichen Thermalbäder am fast kreisrunden Kratersee Tazawa-ko, dem tiefsten Gewässer Japans (rechte Seite unten).

und Garten ist zu erkennen, welchen Rang der jeweilige Hausherr hatte. Ihr Bauplan demonstriert die praktische Schlichtheit der japanischen Wohnarchitektur, deren Elemente noch deutlich vom primitiven Bauernhaus abgeleitet sind. An manchen Details, zum Beispiel an den Eingangstoren zu den Gärten, ist ein aristokratischer Touch erkennbar.

Schwarzes Wasser, weißes Wasser

Gleich östlich von Kakunodate, an der Bahnlinie nach Morioka, liegt inmitten von Bergen der Tazawa-ko, ein fast kreisrunder Kratersee. Mit einer maximalen Tiefe von 423 Metern ist er Japans tiefstes Gewässer – es friert im Winter nie zu. Direkt oberhalb hat man ein Skigebiet angelegt, das zwar nicht gerade riesig, durch den Blick auf den See aber umso schöner ist. Vor allem aber gibt es rund um den See eine Reihe von rustikalen Thermalbädern, die Entspannung bieten. Besonders viel Atmosphäre haben Tsurunoyu Onsen und Kuroyu Onsen. Der lange, mit Stroh gedeckte Hauptbau von Tsurunoyu ist über hundert Jahre alt; in den teilweise unter freiem Himmel angelegten Becken dampft milchweißes und dunkles Wasser. Kuroyu ist fast ein richtiges kleines Dorf, dessen rustikale Holzbauten sich malerisch aneinander schmiegen. Beide Bäder liegen in wunderschönen Bergtälern, deren Laubbäume im Herbst in allen Farben leuchten. Im Winter türmt sich rund um die Badebecken meterhoch der Schnee.

ONSEN GANZ ORIGINAL

Ein wenig Abenteuergeist muss man schon mitbringen, wenn man in einer Region, die kaum internationalen Tourismus kennt, eine Nacht im Thermalbad verbringen will. Das liegt nicht zuletzt daran, dass man auf eher spärliche Englischkenntnisse trifft. Buchen sollte man daher auch lieber per Fax; Tsurunoyu ist auch über die Website www.japaneseguesthouses.com buchbar. Mit etwas gutem Willen klappt es mit der Kommunikation aber doch – und ein original japanisches Bade-Erlebnis bekommt man garantiert.

Tsurunoyu: Tel. (0187) 46 2139, Fax (0187) 46 2761, www.tsurunoyu.com (nur japanisch, aber schön bebildert)
Kuroyu: Tel. (0187) 46 2214, Fax (0187) 46 2280

WEITERE INFORMATIONEN ZU KAKUNODATE UND TAZAWA-KO

Beide Orte gehören zur Gemeinde Semboku.
Kakunodate Tourist Information Center: Tel. (0187) 52 1170
Tazawako Tourist Information Center: Tel. (0187) 43 2111
Website: www.city.semboku.akita.jp/en

Von einer glanzvollen Vergangenheit erzählen die Tempel von Hiraizumi: der Chuson-ji, einst ein großes Kloster (oben), der Motsu-ji mit seinem Paradiesgarten aus der Heian-Zeit (unten und rechte Seite unten) und der sich an einen Felshang schmiegende Takkoku no Iwaya, der Bishamonten, dem Schutzgott der Krieger, gewidmet ist (rechte Seite oben).

7 Hiraizumi

Relikte verflossener Pracht

Heute ein unbedeutendes Landstädtchen, war Hiraizumi im Mittelalter die Residenz der nördlichen Fujiwara, eines mächtigen Clans, der in Tohoku herrschte, ohne sich um die Weisungen der kaiserlichen Regierung zu kümmern. Aus dem Süden strömten Handwerker herbei, glanzvolle Bauten entstanden. Was nach dem Untergang des Clans noch übrig blieb, stellt den größten Kulturschatz des Nordens dar.

Ach, das Sommergras! / Es ist alles, was blieb / von den Träumen der Krieger.« Dieses melancholische Haiku gibt den Eindruck wieder, den Matsuo Basho von Hiraizumi empfing, als er es auf seiner legendären Wanderung durch Tohoku aufsuchte. Die Krieger des Gedichts sind die nördlichen Fujiwara, die hier mit ihren Samurai einen Staat im Staate aufbauten und alles taten, um es der Hauptstadt an Glanz gleichzutun. Mit den Fujiwara in Kyoto, die jahrhundertelang die Politik am Kaiserhof beherrschten, hatten sie nur lose Verbindung. Als Gebietsfürsten lösten sie die Häuptlinge der Emishi ab, eines wahrscheinlich mit den Ainu verwandten Volkes, das vor der Invasion der ethnischen Japaner im Norden Honshus siedelte.

Krieger und Helden

Vor ihrer Unterjochung hatten die Emishi, über deren Kultur heute kaum mehr etwas bekannt ist, lange erbittert Widerstand geleistet. Diesen rebellischen Geist pflegte Fujiwara no Kiyohira, zu dessen

Vorfahren auch Emishi zählten, bewusst weiter. Nachdem er sich in einer Reihe von Kriegen gegen seine Konkurrenten durchgesetzt hatte, konzentrierte er sich auf den Ausbau von Hiraizumi, das er am Fuße des heiligen Berges Kanzan gegründet hatte.

Eng verbunden ist die Geschichte Hiraizumis mit Yoshitsune, Japans berühmtestem Helden des Mittelalters. Von seinen Taten beim Kampf der Minamoto und der Taira um die Vorherrschaft im Lande erzählen das Kriegerepos »Heike Monogatari« und viele Dramen des No-Theaters. Nachdem er seinem Halbbruder Minamoto no Yoritomo zum Sieg verholfen hatte, begab er sich an den Kaiserhof in Kyoto, während Yoritomo, der erste Shogun Japans, sein Machtzentrum Kamakura festigte. Als Yoshitsune nach Kamakura zurückkehren wollte, kam es zum Konflikt mit seinem argwöhnischen Halbbruder, und Yoshitsune floh nach Hiraizumi, begleitet von seinem treuen Vasallen, dem riesenhaften Benkei. Dass die Fujiwara ihm Zuflucht

gewährten, war ihr Untergang. Obwohl sie ihn auf Druck Yoritomos schließlich in seinem Wohnsitz überfielen und zum Selbstmord zwangen, sandte der Shogun 1189 ein Heer gegen Hiraizumi, das die Stadt dem Erdboden gleichmachte. Nur die wichtigsten Heiligtümer blieben verschont.

Der Glanz der Goldenen Halle

Hauptsehenswürdigkeit von Hiraizumi ist der Chuson-ji, ein um 850 gegründeter Tempel, der von Kiyohira zum größten Kloster Tohokus ausgebaut wurde. Die meisten Gebäude ereilte ein für die traditionell aus Holz konstruierte Architektur Japans leider nur allzu typisches Schicksal – sie gingen 1337 bei einem Großbrand in Flammen auf. Ein echtes Schmuckstück aber ist geblieben: Konji-ki-do, die Goldene Halle. Die sie schützende Betonhülle im Tempelstil nimmt ihr ein wenig von ihrem Charme, aber ungemein prächtig ist sie doch mit ihrer

Verkleidung aus Blattgold und Perlmutt. Sie enthält drei Altäre mit schön geschnitzten Statuen des Buddha Amida, umgeben von Bodhisattvas und Wächterkönigen.

Am Rand der Hügel entlang führt der Weg vom Chuson-ji zum Motsu-ji, einem Tempel der esoterischen Tendai-Schule. Die Zeiten überdauert hat hier ein Paradiesgarten der Heian-Zeit. Er ist eines der am reinsten erhaltenen Beispiele dieses höfischen Gartentyps, dessen Zentrum immer ein großer Teich mit idyllisch angeordneten Inselchen und Felsen bildet.

Früher vergnügte sich der Adel hier mit Bootsfahrten, auf der mittleren Insel wurden Tanz und Musik dargeboten. Wenn man heute am Ufer entlangspaziert und über den Rasen auf die bewaldeten Hügel blickt, die den Garten rahmen, kann man leicht in dieselbe Stimmung geraten wie Basho, als er sein berühmtes Haiku schrieb.

FAMILIÄRE GASTLICHKEIT

Obgleich Hiraizumi sich um die Anerkennung als UNESCO-Weltkulturerbe bewirbt, ist die touristische Infrastruktur noch relativ bescheiden. Luxusunterkünfte gibt es hier nicht, es herrscht eher ländliche Atmosphäre. Eine gute Wahl ist das Ryokan Shirayama gleich beim kleinen Bahnhof. Die Wirtsleute sind nett, zu essen gibt es ausgesprochen leckere regionale Spezialitäten wie Sansai (Berggemüse), handgemachte Nudeln und Hatto-jiru, eine kräftige Suppe mit Klößchen.

Noch ein Tipp: Die leicht hügelige Gegend eignet sich hervorragend zum Radfahren. Räder kann man gleich am Bahnhof mieten.

Shirayama Ryokan, 139-5 Shirayama, Hiraizumi-cho, Iwate-ken, Tel. (0191) 46 2883.

WEITERE INFORMATIONEN ZU HIRAIZUMI

Hiraizumi Tourism Association: Tel. (0191) 46 2110, Fax (0191) 46 2117, **Website:** www.hiraizumi.or.jp/en/index.html **Website zur Welterbe-Kampagne:** www.pref.iwate.jp/~hp0907/english/index.html

Gewaltige Kryptomerien säumen die Treppe, die zum Haguro-san mit seiner schlanken, fünfstöckigen Pagode hinaufführt (oben). Tief verschneit sind die Hänge des 1500 Meter hohen Yudono-san im Winter (rechte Seite oben). Den Gottheiten aller drei Berge gewidmet ist das Heiligtum auf dem Haguro-san (rechte Seite unten).

8 Dewa Sanzan

Zwischentitel: Kultstätten der Bergasketen

In den Bergen von Tohoku, die hier bis zu zweitausend Meter hoch aufragen, hat sich in einer abgelegenen Region ein uralter Kult erhalten, in dem die Traditionen des Shinto und des Buddhismus mit lokalen Bräuchen zusammenfließen. In neuerer Zeit haben Skifahrer die schneesicheren Hänge erobert.

Literarisch eng verbunden ist Tohoku mit Japans berühmtestem Haikudichter Matsuo Basho. Im Frühjahr 1689 wanderte Basho kreuz und quer durch die Berge, um fernab der städtischen Kultur das eigentliche Japan kennenzulernen. Das künstlerische Resultat war der Reisebericht »Oku no Hosomichi«, auf Deutsch unter dem kongenialen Titel »Auf schmalen Pfaden durchs Hinterland« erschienen. Der Text ist eine interessante Mischung aus Haiku-Lyrik und Prosa, die Bashos Grundeinstellung ausdrückt: »Jeder Tag ist eine Reise, und die Reise selbst ist mein Daheim.« Auch die Dewa Sanzan, die »Drei Berge von Dewa« hat Basho aufgesucht und darüber eines seiner schönsten Haiku geschrieben: »Die Wolke, die den Gipfel verhüllte, / ist verweht. / Im Mondlicht glänzt der Berg.«

Eine uralte Religion

Konkret gemeint ist hier der Gassan, dessen Name »Mondberg« bedeutet, womit Basho geschickt spielt. Gemeinsam mit dem Haguro-san und dem Yudono-san bildet er das Zentrum einer alten kultischen Tradition, die sich hier am reinsten erhalten hat. Als im 6. Jahrhundert der Buddhismus nach Japan kam, verdrängte er die vorhandene, heute als Shinto bezeichnete Urreligion nicht, sondern ging mit ihr eine symbiotische Verbindung ein. In der Abgeschiedenheit der japanischen Bergwelt entwickelte sich unter Einbeziehung regionaler Bräuche die Tradition des Shugendo, wörtlich »Weg der Übung von Wunderkräften«. Seine Anhänger, die Yamabushi (Bergmenschen), praktizieren in der Natur magische Rituale und asketische Praktiken, die ganz im Sinne des Synkretismus – der Vermischung von Religionen – nicht nur zur Erlangung der Buddhaschaft, sondern auch zu übernatürlichen Kräften führen sollen. Auf den Hängen und Gipfeln der Dewa Sanzan kann man sich auf ihre Spuren machen.

Ausgangspunkt für den Ausflug in die Region Sanzan ist die Bahnstation der Provinzstadt Tsuruoka. Von hier aus gelangt man mit Bussen zum Fuße aller

drei Berge. 2446 Stufen führen zum Heiligtum des Haguro-san hinauf, dem mit 414 Metern niedrigsten Gipfel. Bald nach dem zeremoniellen Eingangstor überquert man auf einer Brücke einen Bergfluss, in dem die Pilger baden – nicht zum Spaß, sondern als Reinigungsritual. Zwischen riesigen Sicheltannen erhebt sich eine fünfstöckige Pagode. Der Weg endet am Gosai-den, einem Gebäude, das zwar aussieht wie ein buddhistischer Tempel, aber die drei Gottheiten der Berge beherbergt – ein typisches Merkmal des Synkretismus.

Gipfel und Schreine

Wer Gassan (1984 m) und Yudono-san (1500 m) erklimmen will, muss sich auf eine echte, wenn auch nicht allzu anstrengende Bergwanderung einstellen. Eine Karte, die man sich in einem der örtlichen Verkehrsbüros besorgen kann,

ist ebenso unerlässlich wie Regenzeug. Mit dem Bus gelangt man zur achten Station des Gassan auf etwa 1400 Meter, von wo es noch zweieinhalb Stunden zum Gipfel sind.

Im Eintrittspreis des dortigen Schreins ist ein garantiert harmloses Reinigungsritual durch den Priester enthalten. Von hier geht es erst ein Stück abwärts und dann hinauf zum Schrein des Yudono-san, dem heiligsten der drei Berge. Hauptgegenstand der Verehrung ist ein großer orangefarbener Felsen, über den warmes, schwefliges Wasser strömt – einer jener Orte, wo die Verbindung von Natur und Religion, von der die alte japanische Kultur entscheidend bestimmt ist, noch heute unverfälscht erfahrbar wird. Liebhabern des Wintersports bietet der Gassan bis in den April hinein Gelegenheit, die Hänge abwärts zu wedeln.

Abseits des Häusermeers von Tokyo gibt es im Zentrum von Honshu viele idyllische Orte zu entdecken: Blumenschmuck an einem alten Haus in Takayama (oben), die drei nichts Böses hörenden, sprechenden und sehenden Affen in Nikko (Mitte), Herbstlaub am Zuisen-ji in Kamakura (unten), Teeplantagen in Shizuoka vor dem schneebedeckten Fuji (rechts).

Tokyo und das Zentrum Honshus

9 Nikko – opulente Demonstration der Macht

Ein Denkmal für den Shogun

Am Nordrand der Ebene von Kanto, zwei Tagesreisen von Edo – dem heutigen Tokyo – entfernt, ließ dessen Gründer Tokugawa Ieyasu sich schon zu Lebzeiten einen Schrein erbauen. Sein Enkel Iemitsu schuf daraus das prächtigste Heiligtum Japans und vergaß dabei nicht, auch sich selbst ein ansehnliches Denkmal zu setzen. Die Rolle, die Ieyasu, Stammvater der Tokugawa-Dynastie, in der japanischen Geschichte spielt, ist kaum zu überschätzen. 1543 wurde er auf einer kleinen Burg unweit von Nagoya geboren – mitten hinein in eine Epoche, die den sprechenden Namen »Zeit der streitenden Reiche« trägt. Die Zentralgewalt in Kyoto hatte weitgehend die Kontrolle über das Land verloren, sodass bürgerkriegsähnliche Zustände herrschten. Die Provinzfürsten versuchten ihre jeweiligen Machtbereiche auszudehnen; zum allgemeinen Chaos trugen kriegerische Mönchsorden bei.

In der Bergwelt des Nikko-Nationalparks, die sich auf einem weiten Hochplateau ausbreitet, ist es auch im Sommer angenehm kühl (oben). Je mehr man sich dem innersten Heiligtum des sakralen Bezirks nähert, desto reicher mit vergoldetem Schnitzwerk geschmückt sind die Tore (rechte Seite). Steile Treppen führen hinauf.

Die Einiger Japans

Es brauchte drei Männer von außergewöhnlicher Statur, um die Wirren zu beenden: Oda Nobunaga (1534 bis 1582), Toyotomi Hideyoshi (1537 bis 1598) und eben Tokugawa Ieyasu (1543 bis 1616). Man nennt sie die »drei großen Einiger Japans«. Nobunaga, anfangs einer von vielen Kriegsherren, war ein genialer Querdenker und stets für Neues aufgeschlossen. Durch die Verwendung eingeführter Feuerwaffen verschaffte er sich einen entscheidenden Vorteil in der Kriegsführung; auch für das durch portugiesische Missionare vermittelte Christentum zeigte er Interesse. Als er, von einem seiner eigenen Generäle angegriffen, Seppuku – Harakiri – begehen musste, sicherte sich sein Schützling Hideyoshi die Herrschaft. Dieser, Sohn eines Bauern, setzte das Werk Nobunagas fort, ohne es zu Ende führen zu können. Das gelang erst Tokugawa Ieyasu, der in der Schlacht von Sekigahara im Jahr 1600 endgültig die Vormachtstellung errang.

Ein Zeichen für die friedliche Koexistenz von Shinto und Buddhismus ist die Existenz einer Pagode inmitten des Schreingeländes (oben). Den Gottheiten der Berge gewidmet ist dieser Schrein am Hang (rechte Seite unten), während der vom Chuzenji-See herabstürzende Wasserfall nach dem buddhistischen Kegon-Sutra benannt ist (rechte Seite oben).

Ein strikter Ständestaat

Dieses Jahr markiert den Beginn der Edo-Zeit, benannt nach der Residenz von Ieyasu, dem heutigen Tokyo. Offiziell blieb Kyoto, wo der Kaiser wohnte, Hauptstadt des Landes, doch Ieyasu sorgte dafür, dass sich weder dort noch anderswo im Land Widerstand gegen seine Herrschaft formieren konnte. Davon zeugt schon seine Entscheidung, in Edo zu bleiben, statt sich in Kyoto niederzulassen. Er ließ sich vom Kaiser zum Shogun ernennen und hatte als solcher alle Zügel in der Hand. Um die Fürsten im Blick zu behalten, mussten diese die Hälfte des Jahres in Edo verbringen, das Christentum wurde verboten, und alle Missionare wurden ausgewiesen. Nach außen schloss Japan sich fast vollständig ab, im Innern wurde ein Ständestaat errichtet, der für die ganze Bevölkerung strikte Regeln bis hin zu einer Kleiderordnung parat hielt. Die meisten Burgen wurden geschleift, Beamte des Shogunats kontrollierten jeden Bereich des Lebens.

Mithilfe dieses Systems, das stark konfuzianische Züge trug, hielten die Tokugawa sich bis zu der vom Ausland erzwungenen Öffnung Japans in der Mitte des 19. Jahrhunderts an der Macht – erst im Jahre 1867 wurde der letzte Shogun der Dynastie zur Abdankung gezwungen. Die Nachwirkungen dieser streng reglementierten Gesellschaftsform sind bis heute spürbar.

Der Shogun als Gottheit

Schon Jahre vor seinem Tod beschloss Ieyasu, sich eine standesgemäße letzte Ruhestätte errichten zu lassen. Dafür wählte er bewusst nicht Edo, sondern einen für damalige Verhältnisse weit entfernten Ort, das Städtchen Nikko, wo ein bedeutender Tempel stand. In dessen Nähe – am Rand der Ebene und unterhalb des heiligen Berges Nantai – wurde ein Schrein samt Mausoleum erbaut, der Tosho-gu. Ieyasus religiöse Berater entwarfen einen Kult, nach dem der mächtige Shogun nach seinem Tod zur Gottheit Tosho Daigongen erhoben und so weiter über das Land und seine Residenz Edo wachen sollte. Diese Schutzfunktion spielte eine Rolle bei der Wahl Nikkos, denn nach alter chinesischer Tradition kommt das Unheil aus bestimmten Himmelsrichtungen, unter anderem aus Nordwesten, wo Nikko von Edo/Tokyo aus gesehen liegt.

Iemitsu war als dritter Tokugawa-Shogun der bedeutendste Herrscher der Dynastie. Er festigte das unter Ieyasu etablierte System, wozu auch der Ausbau des Kultes um seinen Großvater gehörte. Das Heiligtum von Nikko wurde mit einer Pracht ausgebaut, die alles in den Schatten stellte, was es bis dahin in Japan gegeben hatte. Ein gewaltiger Trupp von Zimmerleuten und Holzschnitzern arbeitete an opulenten, teils mit Gold überzogenen Toren und Kultbauten. Finanziert wurde das Ganze durch nicht ganz freiwillige Spenden der Gebietsfürsten (Daimyo), die auch ihre besten Handwerker zur Verfügung stellten. Der Daimyo Matsudaira Masatsuna wiederum, zu dessen Gebiet große Wälder gehörten, stiftete über hunderttausend Sicheltannen (Kryptomerien), die im Verlaufe von zwanzig Jahren angepflanzt wurden. Mehrere Tausend von ihnen ragen noch heute über den bunten Schreinen auf.

Treppen und Tore

Der erste Teil der Anlage, den man erblickt, ist die heilige Brücke (Shinkyo), die, leuchtend rot lackiert, einen tief eingeschnittenen Bergfluss überspannt. Früher durfte sie nur vom jeweiligen Shogun betreten werden – und von den kaiserlichen Gesandten, die jährlich anreisen mussten, um dem göttlich gewordenen Einiger des Reichs ihre Reverenz zu erweisen. Es folgt der Rinno-ji, ein Tempel der esoterischen Tendai-Schule, dessen Halle drei riesige vergoldete Holzskulpturen birgt. Sie stellen den Buddha Amida und die Gnadengottheit Kannon in zwei verschiedenen Formen dar: mit tausend helfenden Armen und mit zusätzlichem Pferdekopf als Beschützerin der Tiere.
Ein gepflasterter breiter Weg führt zwischen hohen Sicheltannen auf den inneren Schreinbezirk zu. Dabei sind mehre-re steile Treppen zu überwinden, die einen Teil der kultischen Inszenierung darstellen. Die Torbauten werden immer prachtvoller. Das vorletzte Tor, Yomeimon genannt, durften Samurai niederen Ranges nicht mehr durchschreiten; höhere Würdenträger mussten ihre Schwerter ablegen.
Ein Stück vorher kommt man an farbenprächtig dekorierten Schatzhäusern und einem Stall für den der Gottheit geweihten Schimmel vorbei, der früher hier gehalten wurde. Das Tor zum letzten, innersten Heiligtum ist mit besonders aufwendigen Schnitzereien geschmückt. Auf dem Rückweg empfiehlt sich ein Abstecher zum Taiyuin-byo, dem Schrein, den sich Ieyasus Enkel Iemitsu erbauen ließ. Passenderweise ist er wesentlich bescheidener, zudem herrscht hier nach dem Trubel am Tosho-gu angenehme Ruhe.

DER NIKKO-NATIONALPARK

Schon die Schreine von Nikko stehen in dieser gebirgigen Region, deren herbe Schönheit sich allerdings erst richtig erschließt, wenn man über die vielfach gewundene Straße zum 1269 Meter hoch gelegenen Chuzenji-ko hinauffährt. Das Wasser des malerischen Bergsees rauscht in Form des Kegon-Falls den schroffen Hang hinab. Oben bietet sich ein herrlicher Blick auf den heiligen Berg Nantai, einen erloschenen Vulkan, der bestiegen werden kann. Überhaupt gibt es hier beste Wandermöglichkeiten. Dazu kommt eine Reihe von Thermalbädern mit teils rustikalen, teils modernen Unterkünften.
Hoteltipp: Okunikko Konishi Hotel, Yumoto Onsen, Tel. (0288) 62 2416, Fax (0288) 62 2360, www.okunikkokonishihotel.com/en

WEITERE INFORMATIONEN ZU NIKKO

Nikko Tourist Information Center: Tel. (0288) 54 2496, Fax (0288) 54 2495
Websites: www.nikko-jp.org/english, www.city.nikko.lg.jp/fl

41

Über 1200 Meter hoch liegt der Chuzenji-ko, ein Bergsee mit dicht bewaldeten
Ufern im Nikko-Nationalpark. In seinem
Umkreis kann man herrlich wandern und
in einer Reihe ländlicher Thermalbäder
das heilkräftige warme Wasser genießen.

10 Shinjuku – Drehscheibe der Metropole

Urbane Rekorde

Wie viele Menschen in der Metropolregion Tokyo leben, hängt von der Definition ab – mit 35 bis 40 Millionen handelt es sich jedenfalls um die bei Weitem größte urbane Agglomeration der Erde. Damit gehören die japanische Hauptstadt und ihr Umland zu den Megastädten des 21. Jahrhunderts, was nirgendwo deutlicher wird als am Bahnhof von Shinjuku, der als lebhafteste Umsteigestation der Welt gilt.

Bunte Neonfassaden im Vergnügungsviertel Kabukicho (oben), das von Kenzo Tange entworfene Verwaltungsgebäude der Präfektur Tokyo (unten), Blick auf die Betonkästen am Bahnhof von Shinjuku (rechte Seite oben), der Shinjuku Gyoen, ein weitläufiger Park nicht weit vom Gewimmel des Bahnhofs, wo man sich gut erholen kann (rechte Seite unten).

Der größte Bahnhof der Welt

In Shinjuku treffen gleich acht S-Bahn- und drei U-Bahnlinien zusammen, was dem aus dreißig Bahnsteigen und einem schier unübersichtlichen Geflecht aus Fluren und Ausgängen bestehenden Bahnhof das weltweit höchste Passagieraufkommen beschert. Genaue Zahlen gibt es nicht – man spricht von ein bis vier Millionen Menschen täglich. Zur Zeit der morgendlichen Rushhour steigen in jeder Sekunde etwa fünfhundert Menschen ein und aus. Stellt man sich in eine einigermaßen ruhige Ecke, um das Gewimmel an den Sperren zu beobachten, kann einem beinahe schwindlig werden.

Weil in den Büros oft Überstunden gemacht werden, entzerrt sich die Stoßzeit am Abend, und es geht etwas gemächlicher zu. Die einen – vor allem die Schar schick gestylter weiblicher Angestellter – zieht es in die unterirdischen Einkaufspassagen und in das Dutzend Kaufhäuser, während die anderen nach Kabukicho in das größte Vergnügungsviertel des Landes wollen.

Das Kabuki-Theater, das ihm einst den Namen gab, blieb zwar in der Planungsphase stecken, dafür versteckt sich hinter den neonbunten Fassaden der bei Tageslicht wenig ansehnlichen Betonkästen jede Sorte von Bars, Nachtklubs, Karaoke-Schuppen und Spielhallen. Auf den Straßen schiebt sich eine nicht enden wollende Schlange Taxis vorbei, Türsteher plärren die Vorzüge ihrer Etablissements durch die Nacht. Geht man als Ausländer vorbei, verstummen sie im Allgemeinen und wenden den Blick ab; man will unter sich bleiben.

Kabukicho ist auch das Reich der Yakuza, der japanischen Mafia, die mit verschämter Duldung der Behörden das illegale Glücksspiel und die Prostitution unter Kontrolle hält. Als Tourist hat man von ihr freilich nicht das Geringste zu befürchten.

Kathedrale der modernen Architektur

Hauptattraktion Shinjukus ist jedoch zweifellos das Hochhausviertel im Westen des Bahnhofs, das mit seinen glänzenden Fassaden eine ganz andere Welt darzustellen scheint als das leicht schmuddelige Kabukicho. Schon in den 1970er-Jahren wurden hier die ersten Wolkenkratzer gebaut, weil der Untergrund in diesem Gebiet als relativ stabil galt – Tokyo gehört zu den am stärksten erdbebengefährdeten Großstädten der Welt. Architektonische Offenbarungen sind die meist klotzartigen Bauten dieser Zeit allerdings kaum – am ansprechendsten ist noch die geschwungene Fassade des Sompo Japan Buildings. Inzwischen machen neue Techniken zum Ausgleich von Erdstößen eine wesentlich kreativere Gestaltung möglich, die sich in elegant in den Himmel strebenden Entwürfen äußert.

Ein eindrucksvolles Beispiel postmoderner Repräsentationsarchitektur ist das Tokyo Tocho, das Regierungsgebäude der Präfektur Tokyo. Gern, aber falsch wird es auch als Tokyoter Rathaus bezeichnet, aber eine kommunale Einheit namens Tokyo gibt es nicht. Der an die Front einer gotischen Kathedrale erinnernde Zentralbau des Tocho und seine Nebengebäude sind ein Spätwerk des weltbekannten Architekten Kenzo Tange (1913 bis 2005), der schon die Sportstätten für die Olympischen Spiele 1964 in Tokyo gestaltet hatte. Die Fahrt auf eine der beiden Aussichtsetagen in den zwei Türmen ist ein kostenloser Service der Verwaltung für Bürger und Besucher – von oben bietet sich ein fantastischer Rundblick über das gewaltige Häusermeer. Bei winterlich klarer Luft kann man sogar in der Ferne den schneebedeckten Fuji-san sehen.

DRINK MIT WEITBLICK

Wer »Lost in Translation« gesehen hat, einen der besten Filme, in denen die japanische Metropole eine entscheidende Nebenrolle spielt, wird sich in der »New York Bar« des »Park Hyatt Tokyo« gleich zu Hause fühlen. Hier und in anderen Räumen des Luxushotels spielen viele Szenen der bittersüßen Komödie, bei der auch das Thema Kulturschock nicht zu kurz kommt. Auf jeden Fall ist die Bar ganz oben im 52. Stock des originellen Wolkenkratzers der ideale Ort, um abends einen gepflegten Drink zu genießen und dabei die Lichter des bis zum Horizont reichenden Häusermeers zu bestaunen.
New York Bar im Park Hyatt Tokyo, Shinjuku Park Tower (neben dem Tocho), Telefon (03) 5322 1234, www.tokyo.park.hyatt.com

WEITERE INFORMATIONEN ÜBER SHINJUKU

Tokyo Tourist Information: Nordturm des Tocho, Erdgeschoss, Telefon (03) 5321 3077.
Websites:
www.city.shinjuku.lg.jp/foreign/english,
www.metro.tokyo.jp/ENGLISH,
www.tokyo.to

11 Shibuya und Harajuku

Shopping und grüne Lunge

Während sich im Vergnügungsviertel Kabukicho von Shinjuku die Schar der Anzug tragenden Büroarbeiter tummelt, zieht es die Jugend nach Shibuya und Harajuku, den zwei angesagtesten Ausgehmeilen der Metropole. Nördlich davon steht inmitten eines dichten Waldes der Meiji-Schrein, Symbol für die fundamentale Umwälzung, die Japan nach über zweieinhalb Jahrhunderten der Isolation im 19. Jahrhundert erlebte.

Es kann kaum einen stärkeren Kontrast geben: die Neon-Show von Shibuya (oben) und die einem Urwald gleichende Idylle am Meiji-Schrein, in die der Weg durch dieses schlichte, aber gewaltige Torii führt (unten). Vor allem bei jungen Leuten beliebt ist Harajuku mit der Omote-sando, Tokyos einzigem echtem Boulevard (rechte Seite).

Wer in Tokyo nach der Stadtmitte fragt, erntet verwunderte Blicke. Ein solches Zentrum im europäischen Sinn gibt es nämlich nicht, nur eine Reihe von Subzentren, die entlang der Yamanote-Linie angeordnet sind, einer leidlich ovalen Ringbahn rund um die historische Mitte der Stadt, die einstige Festung der Tokugawa-Shogune. Wo sich diese Linie gleich mit mehreren S- und U-Bahnen kreuzt, sind in den letzten Jahrzehnten konkurrierende Ausgeh- und Einkaufsviertel entstanden, in denen die großstädtische Bevölkerung ihre hart verdiente Freizeit genießt. Entgegen manchem Klischee arbeitet man nämlich in Japan nicht nur lange und engagiert, man feiert auch gern. Shopping und Gastronomie stehen hoch im Kurs, dabei hat jedes Subzentrum eine individuelle Ausrichtung: In Kabukicho am Bahnhof Shinjuku trifft man vor allem Geschäftsleute und Angestellte an, Ueno ist eher volkstümlich ausgerichtet, in

Akihabara befindet sich das wohl größte Elektronikmekka der Welt. Die Ginza östlich des Bahnhofs Yurakucho lockt mit noblen Kaufhäusern und Boutiquen, in Ebisu gibt es viele Pubs und Kneipen.

Die quirligste Kreuzung der Welt

Shibuya und Harajuku, im Südwesten des Yamanote-Rings gelegen, haben sich in den letzten Jahrzehnten zu einem Magnet für die Jugend der Metropole entwickelt.

Hier regiert der jeweils aktuelle Style und treibt seine buntesten Blüten. Wenn man den mehrstöckigen Bahnhof verlässt – ausgerechnet die Züge der U-Bahn-Linie »Ginza« kommen im Obergeschoss an, nachdem sie eine Brücke überquert haben –, steht man an einer Kreuzung mehrerer Straßen, die Thema Dutzender Youtube-Videos ist. Dort firmiert sie schlicht als »Shibuya Crossing«. Wenn sämtliche Autoampeln gleichzeitig auf Rot schalten, ergießt sich von allen

Tagsüber geht es auf der Kreuzung am Bahnhof Shibuya relativ zivil zu (unten); am Abend warten Tausende auf das Signal zum Überqueren (rechte Seite unten). Rundum breitet sich ein urbanes Shopping- und Ausgehmekka aus, teils bunt und kitschig (oben und Mitte), teils ausgesprochen elegant (rechte Seite oben).

Seiten ein Fußgängerstrom über die frei gewordene Fläche. Das scheinbar chaotisch wirkende Gewimmel, das natürlich ein bestimmtes Ziel im Auge hat, ist ein unvergesslicher Anblick.

Um dieses Schauspiel auf seinem Höhepunkt zu erleben, empfiehlt sich ein Besuch am frühen Abend. Dann kommen auch die ringsum angebrachten Neonreklamen zur Geltung, darunter eine Reihe riesiger Videobildschirme, auf denen mit jedem Jahr noch perfekter inszenierte Werbespots flimmern. Die Überflutung mit audiovisuellen Reizen, die viele Orte in Tokyo prägt, ist nirgendwo so krass wie hier.

Die Geschichte von Hachiko

Nicht leicht zu finden ist im Gewimmel die Bronzestatue des Hundes Hachiko, eine sentimentale Erinnerung an entschieden ruhigere Zeiten. Seine wahre Geschichte rührte in den 1930er-Jahren die Herzen der Nation. Brav hatte der weiße Akita sein Herrchen, einen Universitätsprofessor, jeden Tag vom Bahnhof abgeholt. Nachdem der Professor gestorben war, kam Hachiko weitere neun Jahre zum Bahnhof – bis zu seinem eigenen Tod. Noch zu Lebzeiten hat man ihm 1934 vor dem Bahnhofseingang eine Statue errichtet, die im Krieg zwar eingeschmolzen, später in neuer Form aber wieder aufgestellt wurde. Ausgestopft ist Hachiko im Tokyoter Nationalmuseum der Naturwissenschaften zu bewundern, und 2009 widmete ihm Hollywood einen Film, der die Story allerdings in die USA transponierte. Für die Figur des Universitätsprofessors wurde Richard Gere verpflichtet. Beim Bummel durch die Straßen von

Shibuya sollte man einen Blick ins Bunkamura werfen, ein schickes Kulturzentrum mit Konzerthalle, Kino, Museum und einer Nachschöpfung des Pariser Kult-Cafés »Les Deux Magots«. Auf dem Weg dorthin kommt man am 109 Building vorbei, erkennbar an seiner runden Fassade. Ursprünglich war es ein normales Kaufhaus, heute ist es ganz den Konsumwünschen junger Damen gewidmet. Am Bahnhof von Harajuku gleich nördlich von Shibuya beginnt in östlicher Richtung die Omotesando, Tokyos einziger Boulevard, der mit seinen eleganten Cafés und Nobelboutiquen diesen Namen verdient. Im Westen breitet sich der Yoyogi-Park aus. Am Sonntagnachmittag trifft sich hier die Jugendszene in allen Schattierungen – von den schmollmundigen Vertreterinnen der Lolita Fashion bis zu recht zahm wirkenden Mode-Punks. Es kümmert sie kein bisschen, dass hinter ihnen das Tor zu einem der wichtigsten Heiligtümer Japans steht, dem Meiji-Schrein.

Symbol für Japans Sprung in die Moderne

Wenn die in ihrer Pracht überladen wirkenden Schreine von Nikko der ultimative Ausdruck der Edo-Zeit sind, so ist die elegante, fast minimalistische Architektur des Meiji-Schreins ein Symbol der Ära, in der Japan innerhalb weniger Jahrzehnte aus dem Mittelalter in die Moderne sprang. »Meiji« – strahlende Herrschaft – war das Motto von Kaiser Mutsuhito (1852 bis 1912), der 1867 in Kyoto den Thron bestieg. Das Motto eines Kaisers wird in Japan anstelle des Eigennamens verwendet, und die Regierungszeiten dienen der traditionellen

Jahresrechnung. Deshalb spricht man nur vom Meiji-Tenno. Die nach ihm benannte Ära umfasst die Jahre 1868 bis 1912 – das Jahr 2010 unseres gregorianischen Kalenders entspricht dem Jahr »Heisei 22« nach dem Motto des derzeitigen Tenno, was auf Deutsch »Frieden überall« heißt.

Die Meiji-Zeit beginnt mit der Meiji-Restauration – eine reichlich irreführende Bezeichnung, weil sie sich auf die damals propagierte Wiederherstellung alter Werte bezieht, darunter die Einsetzung des Tenno in seine ursprünglichen Rechte. Tatsächlich war der Meiji-Tenno nur eine Marionette in den Händen einer Gruppe von Adligen, die erfolgreich den Sturz des Tokugawa-Shogunats betrieb. Dieses hatte seit 1600 unangefochten geherrscht und eine strikte Abschließung Japans von äußeren Entwicklungen betrieben, durch die das Land gesellschaftlich wie technologisch in einem Dornröschenschlaf versunken war. Als die USA mit militärischem Druck die Öffnung japanischer Häfen für ausländische Schiffe erzwangen, brach das anachronistische System rasch in sich zusammen.

Als namengebendes Symbol der ebenso raschen wie erfolgreichen Modernisierung, die nun einsetzte, nahm die Gestalt des an sich völlig machtlosen Meiji-Tennos eine wichtige Rolle im öffentlichen Bewusstsein ein. Die Schreinanlage, die man in den 1920er-Jahren zu seinem Gedenken errichtet hat, beeindruckt durch ihre schlichte und doch monumentale Klarheit. Der dichte, völlig natürlich wirkende Wald, den man um sie herum angepflanzt hat, ist eine üppige grüne Insel mitten im Beton- und Asphaltmeer der Metropole von Tokyo.

BUMMEL AUF DER OMOTE-SANDO

Angenehm geräumig ist dieser von Bäumen gesäumte Boulevard, der vom Bahnhof Harajuku zum noblen Wohnviertel Aoyama führt. Der von dem international renommierten Architekten Tadao Ando entworfene Shopping-Komplex Omotesando Hills ist ein Treffpunkt für Leute, die Geld und Stil haben. Direkt gegenüber befinden sich die Niederlassungen von Louis Vuitton und Dior. In Kiddy Land kann man die neusten Gadgets für die lieben Kleinen bestaunen. Nicht gerade ein Geheimtipp, aber ein guter Ort, um nach preiswerten Souvenirs jeder Art Ausschau zu halten, ist der Oriental Bazaar, der seinem Namen alle Ehre macht.

WEITERE INFORMATIONEN ZU SHIBUYA UND HARAJUKU

Shibuya City Office:
www.city.shibuya.tokyo.jp/eng
Kulturzentrum Bunkamura: www.bunkamura.co.jp/english
Meiji-Schrein: www.meijijingu.or.jp/english
Omotesando Hills: www.omotesando-hills.com
Shopping in Harajuku:
www.tokyo-bazaar.com

12 Ueno und Asakusa – im Trubel der Unterstadt

Reminiszenzen an das alte Edo

Im Nordosten des Kaiserpalasts, der noch heute das geografische Zentrum Tokyos darstellt, liegen die volkstümlichsten Viertel der Stadt. Egal ob es um Shopping im Elektronikmekka Akihabara, um Kirschblütenpartys im Ueno-Park oder den viel besuchten Kannon-Tempel in Asakusa geht, hier präsentiert die Metropole sich nicht mit eleganten Fassaden, sondern ungeschminkt, dafür umso lebendiger.

Äußerst beliebt ist der Park von Ueno zur Zeit der Kirschblüte (oben). Beim Jidai-Matsuri (unten) lebt die Kultur der Edo-Zeit wieder auf, beim Sanja-Matsuri (rechte Seite oben) herrscht Ausgelassenheit. Die Umzüge beider Feste beginnen am Tempel von Asakusa mit seinem großen Räucherbecken (rechte Seite unten).

Als Tokugawa Ieyasu, einer der drei großen Einiger Japans, 1590 mit seinen Samurai an die heutige Bucht von Tokyo marschierte, um sich hier niederzulassen, müssen seine Leute den Eindruck gehabt haben, sie seien am Ende der Welt gelandet. Edo, Fluss-Tor, wie ihr neuer Wohnort hieß, war ein kleines Kaff inmitten eines von Stechmücken wimmelnden Sumpfes an der Mündung von drei Flüssen. Die riesige, vor den Stürmen des Pazifiks geschützte Bucht, war zwar ideal für die Anlage eines Hafens, doch wegen ihrer Ausrichtung nach Osten hin damals nicht weiter interessant. Handel gab es fast ausschließlich mit dem westlich gelegenen asiatischen Festland, mit China und Korea.

Ieyasu ließ die Sümpfe trockenlegen und nicht weit vom Meer eine gewaltige Festung bauen. Wenn heute vom Kaiserpalast die Rede ist, so sind damit eigentlich die immer noch imposanten, von einem Wassergraben umgebenen Reste der Befestigungsanlagen gemeint, in deren Mitte der moderne, recht unscheinbare Palast steht. Sehen kann man ihn nur, wenn der Tenno samt Familie an Neujahr die Glückwünsche der Bevölkerung entgegennimmt. Im westlichen Umkreis der Festung wurden die Samurai angesiedelt; auch die Daimyo – die Gebietsfürsten, die abwechselnd in Edo und in ihrem Stammland lebten – hatten hier ihre Residenzen. Diese bevorzugte Gegend nannte man Yamanote, »am Berg«, die tiefer gelegenen, östlichen Viertel am Sumida-Fluss Shitamachi, »Unterstadt«.

Die fließende Welt

An die fürstlichen Residenzen früherer Zeiten erinnern im Gewimmel der Großstadt nur noch einige Parks, darunter der Hamarikyu Teien und der Koraku-en, beide gut für einen erholsamen Spaziergang in makellos gepflegtem Grün

Das volkstümliche Herz Tokyos schlägt am Senso-ji, dem der Gnadengottheit Kannon gewidmeten Tempel von Asakusa. Durch das Donnertor (Kaminari-mon) mit der gut eine halbe Tonne schweren Papierlaterne (oben und Mitte) gelangt man auf eine quirlige Ladenstraße (unten), dann auf das Gelände des Heiligtums (rechte Seite oben und unten).

geeignet. Die Atmosphäre von Shitamachi hingegen ist in Ueno und Asakusa immer noch deutlich spürbar. Hier trifft man ihn noch an, den Typus des Edokko, des rauen, aber herzlichen »Sohns von Edo«, der im 18. und 19. Jahrhundert das Vergnügungsviertel Yoshiwara prägte. Verewigt haben ihn und sein weibliches Gegenstück die Künstler des Ukiyo-e, des seinerzeit ungemein populären Farbholzschnitts – damals Massenware, heute begehrtes Sammelobjekt. Ukiyo bedeutet »fließende Welt«, ein ursprünglich aus dem Buddhismus stammender Begriff, der die Vergänglichkeit des Daseins ausdrückt.

Am Bahnhof Ueno strömen heute allerdings die urbanen Menschenmassen. Wie Shinjuku ist er einer der großen Umschlagplätze für die Pendler, die hier vor allem aus Norden und Westen kommen. Nicht wenige reisen sogar mit dem Shinkansen an, dessen nördlicher Zweig hier lange endete, bevor eine Verbindung zum Hauptbahnhof hergestellt wurde. Die Tradition des Schwarzmarktes, der rund um die Station nach dem Zweiten Weltkrieg blühte, führen allerhand fliegende Händler fort, denen man besser aus dem Weg geht.

Museen und Lotosblüten

Gleich westlich gelangt man in den Ueno-Park mit einer Reihe hochklassiger Museen. Am Nationalen Museum für westliche Kunst ist ein Abguss des »Höllentors« von Rodin angebracht, ein Werk, an dem der Bildhauer fast vier Jahrzehnte gearbeitet hat. Auch sonst ist die Sammlung exzellent bestückt, doch es wäre schade, ihr zuliebe das Nationalmuseum zu versäumen. Von seiner

unterkühlten historisierenden Fassade, einem Relikt des japanischen Nationalismus der 1930er-Jahre, sollte man sich nicht täuschen lassen – im Innern entfaltet sich die ganze Pracht der japanischen Kultur von den archaischen Tonfiguren der Frühzeit bis hin zu modernen Entwicklungen. Viel Raum wird auch Exponaten aus den Nachbarländern China und Korea gegeben, von denen viele Jahrhunderte lang entscheidende Einflüsse ausgingen.

Typisch für den japanischen Kunstbegriff ist, dass nicht nur Gemälde und Skulpturen als bedeutend und wertvoll gelten, ebenso großen Stellenwert hat das Kunsthandwerk, darunter stimmungsvolle, teils geradezu minimalistisch anmutende Gefäße für die Teezeremonie und das aufs Höchste verfeinerte Handwerkszeug der Samurai: Rüstungen mit furchteinflößenden Gesichtsmasken und ebenso elegante wie tödliche Schwerter.

Der Park jenseits des Museums hat ausgesprochen großstädtischen Charakter und ist eher zur Menschen- als zur Naturbeobachtung geeignet. Besonders gilt das für die Zeit der Kirschblüte, wenn sich schon morgens ein äußerst merkwürdiger Anblick bietet: Jeder Quadratzentimeter unter den über und über mit Blüten bedeckten Bäumen ist mit großen, blauen Plastikplanen bedeckt. Auf jeder Plane sitzt einsam ein junger Mensch im Anzug, der dort den ganzen Tag ausharrt, bis seine Kollegen sich nach Büroschluss zu ihm gesellen. Dann wird endlich gefeiert, und das nicht zu knapp.

Im Westteil befindet sich ein Zoo, der seit dem Tod des letzten Riesenpandas keine besondere Attraktion mehr bietet.

Erholsam ist ein Spaziergang entlang des Shinobazu-Teichs ganz im Süden. Im Winter halten sich riesige Scharen von Wasservögeln auf seiner Fläche auf, im Sommer ragen unzählige Lotosblumen aus dem Wasser. Der kleine Schrein in der Mitte ist Benten gewidmet, der einzigen weiblichen Gestalt unter den sieben chinesischen Glücksgöttern. Sie ist unter anderem für die Musik zuständig, daher die Laute in ihrer Hand, aber auch für die Liebe, weshalb junge Paare händchenhaltend hierher bummeln, um Wahrsagezettel (Omikuji) zu ziehen und in die Sträucher knoten.

Räucheropfer für Kannon

Im Osten von Ueno breitet sich am Ufer des Sumida-Flusses Asakusa aus, das volkstümlichste, wenn auch nicht gerade hübsche Viertel der Hauptstadt, ist es doch geprägt von der chaotischen Zweckarchitektur der 1960er- und 1970er-Jahre. Dennoch hat es durch seine vielen kleinen Läden und Lokale einen ganz eigenen Charme. Sein Zentrum ist der Senso-ji, meist als Asakusa Kannon bezeichnet, der historisch älteste Tempel der Stadt. Was die rot lackierten Gebäude angeht, hat das nicht viel zu heißen, denn die sind zwar im historischen Stil erbaut, doch samt und sonders aus Beton.

Der Weg zum Tempel beginnt am Kaminari-mon, dem Tor mit der größten und schwersten Papierlaterne Japans. Durch eine quirlige Einkaufsstraße, wo Devotionalien, Kitsch und Souvenirs angeboten werden, gelangt man zum Vorplatz des Hauptheiligtums, wo sich die Gläubigen bis spät in den Abend um den riesigen Räucherkessel drängen. Das Standbild der Gnadengottheit Kannon bleibt den Blicken verborgen; die japanische Religiosität drückt sich schlicht darin aus, dass man ein paar klingende Münzen in den Opferkasten wirft und sich kurz verneigt. Einen anderen Eindruck bekommt man beim Sanja-Matsuri am dritten Mai-Wochenende, einer Kombination aus Wallfahrt und Volksfest, bei der Männer und Frauen in offenherziger traditioneller Kleidung vergoldete Trageschreine durchs Viertel schleppen, begleitet von ekstatischen Trommelschlägen und vielstimmigem *Yoi-Sho!*, dem japanischen Ausdruck für »hau ruck«!

ZWEI MAL SHOPPING GANZ SPEZIELL

Akihabara südlich von Ueno ist Tokyos Elektronikmekka. Zahllose Kaufhäuser und Einzelhändler bieten alles von der simplen Glühbirne bis zur neuesten Hightech-Spielerei. Außerdem treffen sich hier die Otaku, die japanischen Computerspielfreaks, und die Cosplay-Fans, die sich in ihrer Freizeit als Held oder Heldin ihres Lieblings-Manga oder Anime verkleiden. Gleich westlich von Asakusa markiert die Riesenbüste eines Kochs den Eingang zu Kappabashi, einer ganz dem Restaurantgewerbe gewidmeten Shoppingmeile. Faszinierend sind die täuschend echt aussehenden Modelle von Speisen für die Restaurantschaukästen.

WEITERE INFORMATIONEN ZU UENO UND ASAKUSA

Tourist Information Center (TIC): Tokyo Kotsu Kaikan am Bahnhof Yurakucho, Tel. (03) 3201 3331.
Websites: www.tnm.go.jp/en (Nationalmuseum), www.asakusa-nakamise.jp/e-index.html (Shopping in Asakusa), www.kappabashi.or.jp/en (Kappabashi), www.akiba.or.jp/englisch (Akihabara)

In Yokohama ist man stolz auf die Vorreiterrolle, welche die Stadt in der Modernisierungsphase des späten 19. Jahrhunderts spielte. Sichtbarer Ausdruck dieses Selbstbewusstseins ist das hypermoderne Hafenviertel »Minato Mirai 21« (oben). Schön bunt geht es in Japans größter Chinatown zu (unten).

13 Yokohama – Tor zur Welt

Experimentierfeld der Moderne

In der Edo-Zeit war Yokohama ein völlig unbedeutendes Fischerdorf. Das änderte sich rasch, als die Vereinigten Staaten auch im Auftrag der europäischen Großmächte 1853 die Öffnung Japans für den Welthandel erzwangen. Um die anfangs höchst unerwünschten Ausländer auf Distanz zu halten, bestimmte das Shogunat eine Insel vor Yokohama zur ersten Ausländersiedlung. Handelskontore ließen sich nieder, geschützt von kleinen Garnisonen der Briten, Amerikaner und Niederländer.

Bald hatte sich der Hafen zu einem bedeutenden internationalen Umschlagplatz entwickelt, und die Stadt wurde zu einem Experimentierfeld für moderne Ideen. Zum Beispiel wurden hier an den Straßen die ersten Gaslampen aufgestellt, hier erschien die erste Tageszeitung, und 1872 wurde zwischen Tokyo und Yokohama die erste Eisenbahnstrecke Japans eröffnet. Heute ist Yokohama mit über 3,6 Millionen Einwohnern die zweitgrößte Stadt des Landes. Im Ballungsgebiet von Kanto, zu dem es gehört, hat das allerdings nur eine verwaltungstechnische Bedeutung, denn städtebaulich ist die Region so dicht verflochten, dass alles nahtlos ineinander übergeht. Dennoch hat Yokohama einen eigenen Charakter, der sich in einer erfrischend weltoffenen Atmosphäre äußert.

Urbanes Selbstbewusstsein drückt das ambitionierte Stadtentwicklungsprojekt »Minato Mirai 21« am Hafen aus. Hier steht der von dem amerikanischen Stararchitekten Hugh Stubbins geplante Landmark Tower, der mit 295,80 Metern höchste Wolkenkratzer Japans. An der Hafenpromenade des Yamashita-Parks kann man Seeluft schnuppern, und in Japans größter Chinatown ist es zwar nicht besonders exotisch, doch es gibt eine Fülle guter Lokale.

Gartenspaziergang

In eine andere Zeit zurückversetzt fühlt man sich im Sankei-en, einem wunderschönen traditionellen Garten im Süden von Yokohama. Gefühlvoll in die Anlage integriert wurden mehrere historische Bauten, darunter ein strohgedecktes Landhaus und eine aristokratische Sommerresidenz. (www.sankeien.or.jp)

BESUCHERINFORMATIONEN DER STADT:
www.welcome.city.yokohama.jp/eng/tourism

14 Kamakura – beim Großen Buddha

Stadt des ersten Shogunats

Nur eine Zugstunde von entfernt liegt in einer geschützten Bucht Kamakura, einst eineinhalb Jahrhunderte lang das Machtzentrum des Landes. Es hat einer ganzen Epoche den Namen gegeben. Seine Tempel und Schreine, die sich an die steilen Hänge schmiegen, sind beredte Zeugen einer großen Vergangenheit.

Im Lauf der Heian-Zeit, die mit der Gründung Kyotos – damals Heian-kyo genannt – im Jahr 794 einsetzt, verlor das Amt des Tenno immer mehr an Gewicht. Während eine bis aufs Höchste verfeinerte höfische Kultur blühte, regierte der Hofadel, vor allem die Familie Fujiwara, die ihre Position durch familiäre Verbindungen mit dem Kaiserhaus zu festigen wusste. Im übrigen Land machte sich zwischen den örtlichen Kriegerclans Rivalität breit, die schließlich auf die Hauptstadt übergriff. Als Hauptkonkurrenten schälten sich die Genji (oder Minamoto) und die Heike (oder Taira) heraus. Ihr von 1180 bis 1185 dauernder blutiger Machtkampf fand literarischen Niederschlag in den *Heike Monogatari*, einem klassischen Epos der Weltliteratur.

Helden und Schurken

Taira no Kiyomori, der negative Held des Epos und Anführer der Heike, war bereits an einer Krankheit gestorben, als seine Truppen in der legendären Seeschlacht von Dan-no-Ura eine entscheidende Niederlage erlitten. Oberbefehl über die Flotte der Genji hatte Minamoto no Yoshitsune, eine überlebensgroße Gestalt der japanischen Geschichte. Er war der Bruder von Minamoto no Yoritomo, dem Oberhaupt seines Hauses. Yoritomo, der bereits den Osten von Honshu unter seine Kontrolle gebracht hatte, entmachtete den Kaiser endgültig und ließ sich von ihm zum Shogun ernennen. Ursprünglich war das ein militärischer Titel, der Heerführern verliehen wurde, die sich im Kampf gegen die im Norden wohnenden Emishi hervorgetan hatten.

Unter Yoritomo gewann die Bezeichnung jene Bedeutung, die wir heute kennen. Der Shogun der Kamakura-Zeit (1185 bis 1333) und sehr viel später auch der Edo-Zeit war der eigentliche Herrscher des Landes, während der Tenno rein zeremonielle Funktion hatte. Die beiden erfolgreichsten Shogun-Dynastien, die Minamoto und die Tokugawa, hielten bewusst Distanz zu Kyoto und bauten sich fernab ein eigenes Machtzentrum auf. Es ist wohl kein

Eines der charakteristischsten Bilder aus Japan ist das des Daibutsu, des Großen Buddha von Kamakura, der voll Mitgefühl auf den Betrachter blickt (oben). Für kultische Tänze dient dieser Pavillon an der steilen Treppe zum Hachiman-gu, dem Familienschrein der eineinhalb Jahrhunderte herrschenden Shogun-Dynastie Minamoto (unten).

Man könnte mehrere Tage damit verbringen, die Tempel Kamakuras zu erkunden. Idyllische Motive gibt es genug, ob zur Zeit der Hortensienblüte oder im Herbst (oben). Ein uralter Ginkgo-Baum steht am Aufgang zum Hachiman-gu, der dem Kriegsgott und Beschützer der Samurai gewidmet ist (rechte Seite).

Zufall, dass diese Zentren geografisch so nah beieinander liegen, denn zum einen war die Region von Kanto durch leicht zu verteidigende Bergpässe geschützt, zum anderen stellten die jeweiligen Meeresbuchten ideale Häfen dar. Yoshitsune, der glanzvolle Bruder Yoritomos, wäre kein echter Held, hätte seine Geschichte nicht tragisch geendet. Der argwöhnische Yoritomo fürchtete, sein Bruder könnte selbst Machtgelüste hegen, verbannte ihn aus Kamakura und ließ ihn verfolgen. Yoshitsune floh in den Norden, wo ihm die Fujiwara von Hiraizumi vorübergehend Zuflucht gewährten, doch den Häschern gelang es, seine schwangere Geliebte Shizuka Gozen zu fangen. Als Yoritomo sie zwang, vor seinem ganzen Gefolge zu singen und zu tanzen, sang sie von ihrer Liebe zu dem geächteten Yoshitsune. Der Shogun soll dabei fast einen Schlaganfall erlitten haben.

Solche Geschichten sind eher Legende als Wahrheit, aber sie lassen erkennen, wie sehr diese Geschehnisse die japanische Fantasie angeregt haben. Von Bedeutung ist die Kamakura-Zeit aber nicht nur historisch, sondern auch künstlerisch, denn sie stellt den absoluten Höhepunkt der japanischen Skulptur dar. Es bildete sich ein Stil heraus, den man mit der europäischen Gotik vergleichen kann. Statt des stillen, besinnlichen Ausdrucks der Heian-Zeit herrschte nun dramatische Expressivität, die sich in bewegten Gesten und mitreißender Mimik ausdrückte.

Die Zen-Klöster

Einen Tag in Kamakura beginnt man am besten am Bahnhof Kita-Kamakura im Norden der Stadt. Hier stehen der Engaku-ji und der Kencho-ji, zwei Zen-Tempel, die ihre ursprüngliche Funktion als Kloster bewahrt haben. Die strenge, nüchterne Lehre des Zen-Buddhismus, die stark von der auf Pflichterfüllung und Tugend gegründeten Moral konfuzianischen Denkens beeinflusst ist, übte große Faszination auf den japanischen Schwertadel der Zeit aus. Dabei entsprach das soldatische Ideal, jederzeit zum Tod bereit zu sein, nicht ganz der zen-buddhistischen Idee der Achtsamkeit in jedem Augenblick.

Aus europäischer Sicht gilt der Zen zwar als typisch japanisch, herausgebildet hat er sich jedoch in China, wo er Chan genannt wird. In Japan hatten sich seit dem 6. Jahrhundert erst einmal andere Richtungen verbreitet, darunter die Tendai- und die Shingon-Schule, die mit dem heutigen tibetischen Buddhismus verwandt sind, und die volkstümliche Verehrung des Buddha Amida. Erst um das Jahr 1200 reisten japanische Mönche nach China, wo sie die Zen-Praxis kennenlernten und nach ihrer Heimkehr in Japan etablierten. Zu ersten Äbten der Klöster in Kita-Kamakura wurden später aus China stammende Meister berufen.

Die beiden aus einer Vielzahl von Gebäuden bestehenden Klosteranlagen liegen in idyllischen Seitentälern, umgeben von steilen, dicht bewaldeten Hängen. Dem traditionellen Bauplan eines Zen-Klosters entsprechend, stößt man zuerst auf das freistehende San-mon, ein symbolisches Eingangstor. In beiden Fällen ist es eine eindrucksvoll zwischen hohen Bäumen aufragende Struktur. Es folgen Glockenturm und Buddha-Halle,

später das Wohnhaus des Abtes (Hojo) und allerhand kleinere Bauten. Ein besonderes Kleinod des Kencho-ji ist der Garten des Hojo. Am Ende des Tälchens führt eine Treppe hinauf zu einem Schrein mit schönem Panorama.

Das Lächeln Buddhas

Genau im Zentrum des Tales, in dem die eigentliche Stadt liegt, steht der leuchtend rot lackierte Hachiman-gu, der wichtigste Schrein von Kamakura. Er ist dem Kriegsgott Hachiman als Beschützer des Shogunats gewidmet. Auf der überdachten Bühne unterhalb des Hauptbaus wird jedes Jahr der legendäre Tanz der Shizuka aufgeführt. In dem von hier aus nach Osten führenden Tal lohnt der Besuch von zwei Zen-

Tempeln mit besonders hübschen Gärten – im Zuisen-ji blühen im Vorfrühling die Aprikosen, der Hokoku-ji lockt mit einem wunderhübschen Bambushain. Niemand wird Kamakura verlassen, ohne seinem berühmtesten Denkmal einen Besuch abzustatten, dem Großen Buddha (Daibutsu). Die aus Einzelteilen zusammengesetzte Bronzeskulptur des Buddha Amida wurde 1252 geschaffen. Seit ein Tsunami sie 1495 ihres schützenden Tempels beraubte, sitzt sie im Freien, wo sie mit fast geschlossenen Augen und feinem Lächeln auf die Besucher blickt. Ein paar Minuten zu Fuß entfernt steht am Hang der Hase-dera mit einem ungemein üppigen, vielfältigen Garten. Von oben bietet sich ein herrlicher Blick aufs Meer.

Die Strenge des Zen strahlen die Bauten des Kencho-ji aus (linke Seite oben und unten). Torii am Weg zum Hachiman-gu (links) und der Daibutsu (oben).

SPEISEN IM ZEN-STIL

»Shojin-ryori« heißt die vegetarische Kost der Mönche, bei der auf verschiedene Arten zubereiteter Tofu eine wichtige Rolle spielt. Neben der frugalen Alltagsmahlzeit im Kloster hat sich eine verfeinerte, ausgesprochen leckere Form herausgebildet, die auch optisch ein Genuss ist. Bei den Mönchen wird sie nur an besonderen Festen serviert; täglich kosten kann man sie in mehreren Lokalen von Kita-Kamakura. Besonders zu empfehlen ist das Stammhaus der kleinen Kette Hachinoki gleich beim Tor des Kencho-ji; seine beiden Ableger in der Nähe des Bahnhofs sind eher auf Reisegruppen ausgerichtet.
Hachinoki: Tel. (0467) 22 8719

WEITERE INFORMATIONEN ZU KAMAKURA

Kamakura Tourist Information Center: am Ostausgang des Bahnhofs, Tel. (0467) 22 3350
Websites:
www.city.kamakura.kanagawa.jp/english,
www.kanagawa-kankou.or.jp/index-e.html

Oft von Dunst umhüllt ist der dichte Wald am Schrein von Hakone (oben). Ein beliebtes Motiv war der Fuji schon zur goldenen Zeit des japanischen Holzschnitts (Ukiyo-e), hier ein Werk von Hiroshige (unten). Ein wenig aus der Rolle fällt der Nachbau eines amerikanischen Schaufelraddampfers auf dem Ashi-See (rechte Seite).

15 Blick auf den Fuji

Der Inbegriff eines Vulkans

An klaren Wintertagen kann man ihn selbst von aus sehen, den schneebedeckten Gipfel des Fuji, der über einem breiten Hochplateau aufragt. Mit seiner fast makellosen Kegelform ist er einer der bekanntesten Berge der Welt. In seinem Umfeld dampfen heiße Quellen, an Seen und Hängen warten Thermalhotels und traditionelle Gasthäuser jeder Preislage auf die Besucher.

In Japan kennt man den Fuji, mit 3776 Metern Höhe der höchste Berg des Landes, nur unter dem Namen *Fuji-san*. Die bei uns oft gebrauchte Bezeichnung Fujiyama ist ein phonetisches Missverständnis, denn das chinesische Schriftzeichen für »Berg« kann man zwar entweder »yama« oder »san« aussprechen, doch freie Wahl hat man dabei nicht. Die Konvention legt fest, welche Aussprache bei welchem Berg verwendet wird, und beim Fuji ist das eben *san*. Der Fuji ist ein Schichtvulkan, der sich über mehrere Hunderttausend Jahre hinweg gebildet hat. Er ist noch aktiv und kann theoretisch jederzeit ausbrechen – der letzte Ausbruch liegt jedoch schon über dreihundert Jahre zurück.

Bahnreise in jeder Form

Nähern kann man sich dem Fuji von mehreren Seiten. Wer in Tokyo startet, nimmt am besten einen Zug der Odakyu-Linie vom Bahnhof Shinjuku. Der Express trägt den reizenden Namen »Romancecar«, ist aber durchaus nicht nur für verliebte junge Paare geeignet. Wie der wesentlich teurere Shinkansen hält er am Bahnhof der einstigen Burgstadt Odawara, wo es mit der Hakone-Tozan-Linie weiter nach Hakone-Yumoto geht, einen beliebten Thermalbadeort in einem tief eingeschnittenen Bergtal. Hier besteigt man die rot lackierten Wagen einer Bergbahn, die sich in mehreren Spitzkehren den steilen Hang hinaufwindet. Endstation ist Gora, wieder ein Badeort, dessen Unterkünfte sich über die bewaldeten Hügel verteilen. Nächstes Beförderungsmittel ist eine in der Schweiz fabrizierte Standseilbahn, mit der man das letzte Stück bis zur »Hakone Ropeway« zurücklegt. Die auf zwei Seilen laufende Gondelbahn ist mit vier Kilometern die längste der Welt. Erwähnenswert ist die Fahrt aber nicht wegen ihres Platzes in der Weltrangliste, sondern wegen des Panoramas. Unten steigen Schwefeldämpfe aus den aufgebrochenen Flanken eines breiten Vulkankraters, am nahen Horizont zeichnet sich der Kegel des Fuji ab. Auf der ande-

ren Seite kann man durch einen Hang mit Fumarolen spazieren, bevor man die nächste Seilbahn hinab zum Ashi-See nimmt, wo als Piratenfregatten getarnte Ausflugsschiffe warten. Mit solchen Geschmacksverirrungen muss man in Japan jederzeit rechnen, weshalb man sie am besten gelassen hinnimmt, statt sich Gedanken darüber zu machen, dass so etwas eigentlich nicht recht in einen Nationalpark hineinpasst. Die Fahrt über den lang gestreckten Ashi-See, vorbei am malerisch im Wasser stehenden, leuchtend rot lackierten Tor eines Schreins, ist jedenfalls ein Genuss und zu empfehlen. Am anderen Ufer ange-kommen, gelangt man mit dem Bus zurück zur Bahnstation.

Der Weg zum Gipfel

Ebenfalls gut erreichbar ist der Kawagu-chi-ko, einer der fünf Fuji-Seen (Fuji go-ko), die sich in einem weiten Bogen um die Nordflanke des Fuji gruppieren. Er ist auch gut als Ausgangspunkt für eine Besteigung des Vulkans geeignet, die gefahrlos allerdings nur im Juli und August erfolgen kann, wenn der Gipfel schneefrei ist. Eine einsame Bergtour ist das keineswegs, denn von den Bushalte-stellen der sogenannten fünften Station, die sich auf 1400 bis 2400 Metern befinden, klettern jährlich etwa 200 000 Menschen gen Himmel, davon sind dreißig Prozent Ausländer. Nach einer kurzen Nacht in einer der vielen Berg-hütten brechen die meisten schon um zwei Uhr morgens auf, um am Gipfel den Sonnenaufgang zu erleben. Wenn der gewaltige Schatten des Berges dann auf die Landschaft fällt, kann man die Scharen ringsum glatt vergessen.

Südlich des Fuji wird Tee angebaut (linke Seite). Äußerlich kohlschwarz sind die im geothermal erhitzten Wasser von Owaku-dani gekochten Eier (oben und links).

MODERN, ABER MIT STIL

Es ist nicht jedermanns Sache, sich auf die Gepflogenheiten eines traditionellen japa-nischen Ryokan einzulassen. Wer stilvoll übernachten möchte, ist im örtlichen Able-ger der noblen Hyatt-Gruppe bestens auf-gehoben. Durch die großen Fenster fällt der Blick direkt in die Natur; in den Ther-malbecken kann man wunderbar entspan-nen. Dem gelungenen Mix aus japani-schen und westlichen Elementen entspre-chend besteht die Wahl zwischen franzö-sischer Küche und Sushi-Spezialitäten. Ein Shuttlebus holt die Gäste direkt vom Bahnhof Odawara ab.
Hyatt Regency Hakone Resort and Spa, Gora, Hakone-machi, Tel. (0460) 82 2000, Fax (0460) 82 2001, www.hakone.regency.hyatt.com

WEBSITES ZUM FUJI UND SEINER UMGEBUNG

www.hakonenavi.jp/english, www.live-fuji.jp/fuji/livee.htm, www.mountfujiguide.com, www.hakone.or.jp/english

Nicht nur im Winter mit Schnee bedeckt ist der 3776 Meter hohe Fuji. Gefahrlos besteigen kann man den Gipfel des mächtigen Schichtvulkans lediglich in den Sommermonaten.

16 Zu den Küsten der Izu-Halbinsel

Ein wenig Côte d'Azur

Gemeinsam mit dem Fuji und seiner Umgebung bildet die vulkanische Izu-Halbinsel den Fuji-Hakone-Izu-Nationalpark. In ihrem milden, fast subtropischen Klima gedeiht eine üppige Natur. Die Nähe zu Tokyo ist nicht allen Orten gut bekommen, aber es gibt genügend stille, idyllische Winkel. Dass die Izu-Halbinsel zu einem sogenannten Nationalpark gehört, darf man nicht missverstehen, denn vielfach hat man den Eindruck, dass dieser Begriff in Japan nur ein landschaftlich schönes, besuchenswertes Gebiet kennzeichnet. Der touristischen Erschließung sind jedenfalls kaum Grenzen gesetzt, was damit erklärbar ist, dass in einem derart dicht besiedelten Land einfach keine großen Schutzgebiete ausgewiesen werden können. Von einem Besuch auf Izu soll damit jedoch keinesfalls abgeraten werden. Im Gegenteil – trotz mancher Bausünden ist es eine herrliche Region.

Zu den idyllischsten Landschaften Japans gehören die Küsten der Izu-Halbinsel (oben und rechte Seite unten). Die traditionellen Häuser der Region sind mit einem typischen schwarz-weißen Rautenmuster aus Gips geschmückt (unten). Ein romantisches Flair schaffen sollen die Bronzeskulpturen am Kawazu-Wasserfall (rechte Seite oben).

Die Schwarzen Schiffe

Historisch ist Izu mit dem Ende der Jahrhunderte während japanischen Isolation verbunden. 1853 entsandten die Vereinigten Staaten eine kleine Flotte von Kriegsschiffen – in Japan unter dem ominösen Namen »Schwarze Schiffe« bekannt – in die Bucht von Edo, um die Öffnung der Häfen für ausländische Fahrzeuge zu erzwingen. Die Shogunatsregierung, die bis dahin bewusst alle technologischen Neuerungen verhindert hatte und daher militärisch hoffnungslos unterlegen war, musste klein beigeben. Um sich die

Fremden möglichst weit vom Hals zu halten, bestimmte man vorerst zwei eher unbedeutende Häfen für den Außenhandel: Hakodate auf dem fernen Hokkaido und Shimoda an der Südspitze von Izu, immerhin eine Tagesreise von Edo entfernt.

Um Präsenz zu zeigen, tauchte ein Jahr später das russische Kriegsschiff »Diana« auf und ankerte vor Shimoda. Als es von einem Tsunami erfasst wurde und sank, zogen die Überlebenden sich in das Fischerdorf Heda an der Westküste von Izu zurück, wo sie mithilfe einheimischer Zimmerleute ein neues Boot für die

Rückkehr bauten. Sobald die Russen davongesegelt waren, beauftragte das Shogunat die hilfreichen Handwerker damit, das erworbene technische Wissen zum Bau zweier weiterer Schoner zu nutzen – ein frühes Beispiel für die später ebenso beliebte wie erfolgreiche Praxis der kreativen Aneignung ausländischer Technologie.

Vulkanische Vielfalt

Das Tor zur Izu-Halbinsel ist der Badeort Atami, früher ein beliebtes Ziel für Flitterwöchner. Die fliegen heute lieber nach Hawaii oder Guam, doch äußerst populär ist Atami noch heute, was dem Stadtbild gar nicht gut getan hat. Sehenswert ist allerdings das MOA Museum of Art, das die Sammlung des exzentrischen Millionärs Mokichi Okada beherbergt. Von Atami aus schlängelt die Bahnlinie sich an der steilen Ostküste der Halbinsel entlang. Auf der Fahrt eröffnen sich immer wieder herrliche Blicke aufs Meer. Endstation ist Shimoda, wo ab 1856 Townsend Harris residierte, der erste amerikanische Konsul in Japan. Seine unglückliche Affäre mit der Geisha Okichi ist Stoff mehrerer japanischer Melodramen – und eines Films von John Huston, der den sinnigen Titel »Der Barbar und die Geisha« trägt. Dargestellt wird Harris darin von John Wayne. In Shimoda und seiner Umgebung fühlt man sich tatsächlich ein wenig an die Côte d'Azur erinnert. Die vulkanische Herkunft der Landschaft sorgt für schroffe Hänge und malerische Felsformationen, die auf einer Bootsfahrt entlang der Küste zu bewundern sind. Am Sandstrand von Shirahama kann man wunderbar baden, und wie in allen vulkanischen Regionen sprudelt Thermalwasser aus dem Boden. Besonders eindrucksvoll erschließt sich die abwechslungsreiche Küste auf einer Busfahrt nach Matsuzaki, einem verschlafenen Fischerort im Westen der Halbinsel.

ESOTERISCHER KUNSTGENUSS

Mokichi Okada (1882 bis 1955) war nicht nur ein erfolgreicher Unternehmer, sondern auch Gründer einer neuen, vom Shinto abgeleiteten Religion, als deren Prophet er sich sah. Sie zielt darauf ab, den Menschen durch den Umgang mit schönen Dingen zu bessern, zum Beispiel durch die Beschäftigung mit Ikebana, den Besuch von Theater- und Tanzvorstellungen und das Betrachten edler Kunstwerke. Getreu dieser Idee trug Okada eine umfangreiche Kunstsammlung zusammen, die heute in Atami ausgestellt ist. Sie umfasst eine fantastische Auswahl alter japanischer und chinesischer Malerei, dazu Keramik und anderes Kunsthandwerk. **MOA Museum of Art**, Atami, Tel. (0460) 82 2623, www.moaart.or.jp

WEITERE INFORMATIONEN ÜBER DIE IZU-HALBINSEL

Shimoda Tourist Association: Sotogaoka, Shimoda, schräg gegenüber dem Bahnhof
Websites: www.shimoda-city.info/index_e.html, www.shizuoka-guide.com/english

17 Die schwarze Burg von Matsumoto

In den Japanischen Alpen

International bekannt wurde die Präfektur Nagano als Austragungsort der Olympischen Winterspiele 1998, doch ist sie auch in wärmeren Monaten einen Besuch wert. In Matsumoto, auf einer Hochebene gelegen, steht eine der schönsten Burgen Japans. Zudem ist die Stadt idealer Ausgangspunkt für Ausflüge in die umliegende Bergwelt.

Auf einer Hochebene liegt Matsumoto, dessen schwarze Burg zu den wenigen im ursprünglichen Zustand erhaltenen Festungen zählt (oben und rechte Seite oben). Die Stadt ist Ausgangspunkt für einen Ausflug nach Kamikochi, ein beliebtes Wandergebiet in den Japanischen Alpen (unten und rechte Seite unten).

Ursprünglich stand in jeder japanischen Provinzstadt, die Sitz eines Daimyo (Gebietsfürsten) war, eine Burg, Symbol feudaler Macht. Mit der Meiji-Restauration der 1870er-Jahre kam für die meisten dieser Festungen das Ende. Da das morsche Feudalsystem völlig umgekrempelt und durch eine an europäischen Vorbildern orientierte Aristokratie ersetzt wurde, verloren die Bauten ihren Sinn und wurden kurzerhand versteigert, um abgebrochen zu werden. Nicht wenige der Burgen, die man heute sieht, sind deshalb Nachbauten aus Beton, die den modernen Städten einen historischen Touch verleihen sollen.

Rettung eines Wahrzeichens

Als auch die Burg von Matsumoto versteigert werden sollte, regte sich bei den Einwohnern der Stadt Lokalstolz. Eine Kampagne wurde ins Leben gerufen, um das Wahrzeichen zu retten, worauf die Stadtverwaltung sich erweichen ließ und die Burg selbst erwarb. Mithilfe von Spenden wurde sie Anfang des 20. Jahr-

hunderts renoviert, da sie sich bedrohlich zur Seite geneigt hatte. Heute ist die Burg eine der wenigen original erhaltenen ihrer Art.

Da Matsumoto zwar von Bergen umgeben, aber selbst völlig flach ist, fehlen der Burghügel und die Wallanlagen, die vergleichbare Konstruktionen auszeichnen. Von einem breiten Wassergraben gerahmt, erheben sich die schwarzen, mit weißen Giebeln abgesetzten Türme wie auf einem Präsentierteller. Die sich nach oben verjüngenden Stockwerke und die leicht geschwungenen Dächer verleihen dem Ganzen eine Eleganz, die fast vergessen lässt, dass es sich um einen ausgeklügelten Verteidigungsbau handelt. Im Innern ist ein Waffenmuseum untergebracht.

Wie viele Städte in den Bergen ist Matsumoto ein altes Zentrum des Holzhandwerks. Zeitgenössische Produkte findet man in der Nakamachi-dori, einer in ihren historischen Zustand zurückversetzten Straße mit netten Läden, Restaurants und Cafés. Ganz dem japanischen Holzschnitt gewidmet ist das Ukiyo-e-

Museum am Stadtrand. Es bietet einen guten Überblick über diese populäre Kunstform, die Impressionismus und Jugendstil entscheidend beeinflusst hat und heute im Stil des japanischen Manga nachwirkt.

Am Bergfluss

Den Ausdruck »Japanische Alpen« hat der britische Ingenieur William Gowland geprägt, der 1872 bis 1888 im Land lebte und als begeisterter Alpinist mehrere Erstbesteigungen durchführte. Inzwischen hat sich der Name für die Gebirge im Zentrum von Honshu durchgesetzt, vielleicht auch, weil er touristisch einen guten Klang hat. Höchster Gipfel der Japanischen Alpen ist der Fuji mit seinen knapp viertausend Metern, aber auch viele andere Berge stellen mit rund dreitausend Metern durchaus eine bergsteigerische Herausforderung dar. Eines der bekanntesten Wandergebiete ist Kamikochi, das mit dem Bus von Matsumoto (oder Takayama) gut zu erreichen ist – allerdings nur von Mitte April bis Mitte November, denn im Winter liegt meterhoch Schnee. Die zentrale Achse des Gebiets ist ein über 1400 Meter hohes Tal, durch das der Bergfluss Azusa rauscht.

Rund um die Busstation und die den Fluss überspannende Brücke herrscht besonders während der Sommerferien im August viel Trubel, es gibt jedoch genügend interessante Routen, auf denen ernsthafte Wanderer unter sich sind. Am schönsten ist Kamikochi im Herbst, wenn buntes Laub auf den dicht bewaldeten Hängen leuchtet.

MIT DEM RUCKSACK UNTERWEGS

Wer es in Kamikochi gemütlich angehen will, wählt als Unterkunft eines der rustikalen Hotels in der Nähe der Busstation. Von hier aus kann eine Reihe mehr oder weniger anstrengender Tagestouren unternommen werden. Möglich sind aber auch Wanderungen von Hütte zu Hütte, die mehrere Tage dauern. Ein guter Tipp ist die Route, die erst am Fluss entlang und dann hinauf zum 3180 Meter hohen Yariga-take führt. Statt nach Kamikochi zurückzukehren, wählt man dort eine von mehreren Routen, die in den kleinen Badeorten Nakabusa Onsen oder Shinhodaka Onsen enden.

Aktuelle Tourentipps in Kamikochi und anderswo in Japan:

www.japanhike.wordpress.com

WEITERE INFORMATIONEN ÜBER MATSUMOTO UND KAMIKOCHI

Matsumoto City Tourist Information Center: Im Bahnhof, Tel. (0263) 32 2815, Fax (0263) 32 2841

Websites:

www.welcome.city.matsumoto.nagano.jp,
www.kamikochi.or.jp/english,
www.go-nagano.net

18 Kiso-Tal – unterwegs auf der alten Bergstraße

Im Tal des Kiso-Flusses

Zwei Verkehrsadern verbanden in der Zeit nach dem Ende des Bürgerkriegs die alte Kaiserstadt Kyoto mit Edo, dem heutigen Tokyo, damals Residenz der Tokugawa-Shogune und damit das eigentliche Machtzentrum des Landes: Tokaido, der »östliche Weg am Meer«, und Nakasendo, der »Weg mitten durch die Berge«. Letzterer führte von Nagoya aufwärts durch das eng eingeschnittene Tal des Kiso-Flusses. Zwei seiner Wegstationen vermitteln noch heute einen Eindruck davon.

Zu Fuß oder zu Pferd brauchte man früher einen Tag für die Strecke zwischen den zwei alten Wegstationen Tsumago und Magome (oben). Teils wandert man noch auf dem ursprünglichen Pflaster von Ort zu Ort (rechte Seite oben). Glatt poliert hat das Wasser des Kiso die Felsen des Tals, das sich der Fluss geschaffen hat (rechte Seite unten).

Wegen der bergigen Natur der japanischen Inseln waren Reisen über Land in alter Zeit eine äußerst mühevolle Angelegenheit. Karren oder gar Kutschen über die steilen Hänge zu bugsieren, wäre illusorisch gewesen, weshalb die mit massiven Steinen gepflasterten Wege von vornherein nur für den Verkehr zu Pferd oder zu Fuß konstruiert waren. Lasten wurden entweder mit stämmigen Packpferden oder von Kulis transportiert, die ihre Pakete an Stangen über der Schulter balancierten. Feine Damen reisten hockend in Sänften, die Vogelkäfigen ähnelten. Eine ist im Museum von Tsumago ausgestellt.

Fürsten und Dichter

Die Mühen der Reise machte sich die Shogunats-Regierung zunutze, um die Daimyo, die Fürsten der einzelnen Gebiete, so beschäftigt zu halten, dass sie auf den Gedanken an Rebellion nicht kommen konnten. Ein fester Bestandteil des Überwachungsstaats, mit dem sich der Tokugawa-Clan zweieinhalb Jahrhunderte lang an der Macht hielt, war die Pflicht der Daimyo, sich regelmäßig in Edo aufzuhalten. Zu diesem Zweck mussten sie mit ihrem gesamten Gefolge aus Samurai, Dienern und Beamten den langen Weg in die Hauptstadt auf sich nehmen – ein Unterfangen, das auch ihre Finanzen erheblich belastete. In beschaulicherer Stimmung wanderte Japans bekanntester Haiku-Dichter Matsuo Basho über den Nakasendo. Normalerweise ging er zu Fuß, weshalb er bei dem folgenden Gedicht wohl an seine Herkunft als Samurai gedacht haben mag: »Am Straßenrand / eine Eibischblüte / von meinem Pferd gefressen.« Solche scheinbar banalen Beobachtungen sind typisch für die Form des Haiku,

in der ein kurzer Blick auf ein Naturereignis – berühmt ist auch Bashos »in den Teich springender Frosch« – einen Moment der Erkenntnis hervorruft.

Grüne Hänge und Wasserfälle

Welchen der beiden Orte Tsumago und Magome man als Stützpunkt wählt, ist Geschmackssache: Tsumago ist konsequenter historisch hergerichtet, Magome macht einen ländlicheren Eindruck. Auf jeden Fall sollte man den Weg zwischen den beiden Orten zu Fuß zurücklegen – in alter Zeit eine Tagesreise für die Karawanen der Daimyo, durchs Land wandernde Mönche und schwer bepackte Kulis. Von derlei Lasten unbehindert, ist es heute eine nicht besonders anstrengende Halbtageswanderung durch die üppige Natur, mit immer wieder neuen Blicken auf die Berghänge und den tief unten rauschenden Fluss. Wer wenig Zeit hat, nimmt den Bus oder das Taxi zum Pass und wandert gemütlich abwärts. In diesem Fall sollte

die Strecke zwischen Passhöhe und Tsumago gewählt werden, die besonders idyllisch ist. Oben wartet ein Teehaus zur Stärkung auf. Auf dem Weg hinab kommt man an der Stelle vorbei, wo zur Edo-Zeit ein Wachhaus stand, dessen Besatzung dafür sorgte, dass nichts von dem wertvollen Holz der Gegend hinausgeschmuggelt wurde. »Ein Arm für einen Ast, ein Hals für einen Baum«, lautete das drakonische Gesetz. Romantischeren Gedanken kann man bei den beiden Wasserfällen nachhängen, die in schöner japanischer Tradition als »männlicher« und als »weiblicher« Fall – o-taki und me-taki – bezeichnet werden.
In Tsumago angekommen, lockt ein Spaziergang durch das historische Viertel Terashita, in dem es mehrere Gasthäuser aus der Edo-Zeit gibt. Behutsam an moderne Erfordernisse angepasst, strahlen sie viel Atmosphäre aus. Geht man nachts durch die mit Laternen erleuchteten Gassen, glaubt man sich Jahrhunderte zurückversetzt.

KLASSISCHES AMBIENTE

Eine Herberge alten Stils ist das »Ryokan Fujioto« in Tsumago. Die Gästezimmer sind mit Tatami-Matten ausgelegt, auf denen abends die Futons ausgebreitet werden. Durch die Fenster blickt man in den hübsch gestalteten Garten. Abendessen und Frühstück sind wie üblich im Preis eingeschlossen und bieten regionale Spezialitäten. Dabei sind üblicherweise auch immer etwas Sashimi und eventuell Carpaccio. Wer Fleisch und Fisch lieber in gekochtem Zustand zu sich nimmt, sollte das gleich bei der Reservierung mitteilen. Von Vorteil ist, dass man sich mit den Wirtsleuten recht gut auf Englisch verständigen kann, was in ländlichen Gebieten keineswegs selbstverständlich ist.
Ryokan Fujioto, Tsumago, Nagiso-machi, Tel. (0264) 57 3009, Fax (0264) 57 2239, www.takenet.or.jp/~fujioto. Buchungen auch über www.japaneseguesthouses.com.

WEITERE INFORMATIONEN ZUM KISO-TAL

Website zu Tsumago:
www.town.nagiso.nagano.jp/kankou/
English/Tsumago-top.html

19 Handwerkskunst in Takayama

Bummel durch alte Straßen

In den letzten Jahren ist Takayama zum beliebten Ausflugsziel geworden, was der sympathischen Stadt in den Bergen keineswegs geschadet hat. Nach langem Dornröschenschlaf ist sie wieder aufgeblüht, und an der Pflege historischer Handwerkstraditionen spürt man den Lokalstolz der Bewohner.

Nirgendwo kann man so schön nach Mitbringseln stöbern wie in Takayama (oben). Der Reichtum der Kaufleute zeigt sich in repräsentativen Bauten (unten). Unter dem Dach solcher Bauernhäuser wurden Seidenraupen gezüchtet (rechte Seite oben). Auf den prächtigen Wagen beim Frühlingsfest turnen mechanische Puppen (rechte Seite unten).

Takayama, zu Deutsch »hohe Berge«, liegt seinem Namen gemäß in den Japanischen Alpen, etwa in der Mitte der Bahnlinie, die quer durch Honshu von Nagoya nach Kanazawa führt. Bei der Fahrt durch das tief eingeschnittene Bergtal bieten sich immer wieder schöne Blicke auf den von glatten Felsen gerahmten Fluss, kleine Dörfer und ländliche Heiligtümer. Die Stadt selbst war Verwaltungssitz der einstigen Provinz Hida, weshalb sie zur Unterscheidung von Orten gleichen Namens oft Hida-Takayama genannt wird.

Im 17. Jahrhundert war Hida Lehen des Kanamori-Clans, dessen erster Daimyo Nagachika ein treuer Vasall von Tokugawa Ieyasu war. Aus Kyoto brachte er eine Vorliebe für die verfeinerte Kultur der Hauptstadt mit nach Takayama, die dem Handwerk der Stadt neue Impulse gab. Seit Langem war die Kunstfertigkeit der Zimmerleute von Hida bekannt, die schon am Bau der Tempel und Paläste von Nara mitgewirkt hatten. Diese Tradition ist bis heute ungebrochen, was an den ebenso schlichten wie qualität-

vollen Tabletts zu sehen ist, die zu den besten Souvenirs aus Takayama gehören. Mehrfach lackiert, sind sie praktisch unverwüstlich.

Ein Amtsbau der Edo-Zeit

Ein Besuchstag beginnt am besten mit einem Bummel über den Morgenmarkt (Asa-ichi) an dem Bergfluss, der durch die Stadt rauscht. Bauersfrauen aus der Umgebung bieten Gemüse und eingelegte Köstlichkeiten feil, inzwischen haben sich allerdings auch allerhand Stände mit touristischem Plunder daruntergemischt. Ein kleinerer Markt findet direkt vor dem Takayama Jinya statt, dem interessantesten historischen Bau der Stadt. Ursprünglich war er die Residenz der Daimyo von Hida, doch als das Shogunat 1692 die unmittelbare Kontrolle über die Provinz übernahm, zog der aus Edo entsandte Gouverneur ein. Dadurch wurde der Adelssitz zum Verwaltungs- und Gerichtsgebäude.

Es gibt wenige Orte in Japan, an denen die für die japanische Architektur charakteristische Durchdringung von

Außen- und Innenraum so eindringlich erfahrbar wird. Durch die verschachtelte Anordnung der einstöckigen Gebäude ergibt sich eine Reihe kleiner Gärten, deren gepflegt gebändigte Natur einen reizvollen Kontrast zu den dunklen Innenräumen darstellt. Das Amtszimmer, wo das gemeine Volk kniend seine Anliegen vortragen musste, die Aufenthaltsräume für die Beamten, eine Küche und sogar eine hölzerne Toilette sind originalgetreu erhalten. Kalt über den Rücken läuft es einem beim Anblick des polizeilichen Verhörraums, in dem ein paar simple, aber sichtlich effiziente Foltergeräte ausgestellt sind.

Im historischen Viertel

Sanmachi, das historische Viertel, befindet sich gleich auf der anderen Seite des Flusses. Es besteht im Grunde nur aus zwei langen Gassen, die einen guten Eindruck von der Anlage einer Handelsstadt der Edo-Zeit vermitteln. So touristisch es hier auch zugeht, es macht ungeheuren Spaß, durch die Läden zu streifen, vor allem weil das angebotene Kunsthandwerk ausgesprochen qualitätvoll ist. Hübsch arrangiert ist es außerdem. In einer Reihe von Sake-Brauereien, erkennbar an den großen Reisigkugeln, die vor dem Eingang hängen, kann man das japanische Nationalgetränk kosten. Einige alte Kaufmannshäuser sind zu charmanten Museen umgestaltet. Sehenswert ist auch der Yatai Kaikan mit den zweistöckigen Festwagen, die bei dem berühmten Frühlingsfest von Takayama durch die Stadt gezogen werden.

FREILICHTMUSEUM

Vom Bahnhof aus in wenigen Minuten mit dem Bus oder dem Taxi erreichbar ist Hida no Sato, ein kleines Museumsdorf, dessen aus der ganzen Region zusammengetragene Gebäude man an einem Berghang arrangiert hat. Zu sehen sind Bauernhäuser mit mächtigen Strohdächern, aber auch einfache Elemente ländlichen Lebens wie eine Wassermühle und eine Köhlerhütte. Ein Teich, ein Reisfeld und der Wald rundum schaffen Atmosphäre. In einem oder zwei der Häuser sind immer verschiedene Handwerker tätig, die ihre Kunst demonstrieren, meist nicht im Sinne einer Vorführung, sondern indem sie konzentriert ihrer Arbeit nachgehen. Manchmal gibt es auch Gelegenheit zum Mitmachen.

WEITERE INFORMATIONEN ÜBER TAKAYAMA

Hida Tourist Information Office:
Vor dem Bahnhof, Tel. (0577) 32 5328
Websites:
www.hida.jp/german/index-g.htm,
www.takayama-guide.com,
www.takayamaryokan.jp/english

20 Die Dächer von Shirakawa-go

Weltkulturerbe mit ländlichem Charme

Seit die Dörfer von Shirakawa-go und Gokayama von der UNESCO 1995 als Weltkulturerbe anerkannt wurden, sind sie zum Inbegriff des ländlichen Japans geworden. Es gibt sogar ein Computerspiel, in der sie – freilich unter anderem Namen – als visuelles Vorbild dienen. Vorher war ihre Existenz selbst im eigenen Land relativ unbekannt.

In Japan gibt es viele solche Gegenden fernab der Städte, wo die Zeit quasi stehen geblieben ist. Wie in allen industrialisierten Ländern wird in der Landwirtschaft nur ein Bruchteil der früheren Arbeitskräfte benötigt, und wo die Felder nicht maschinell bearbeitet werden können, liegen sie brach oder werden aufgeforstet. Die Jugend ist längst weggezogen. In den Dörfern von Shirakawa-go verlief die Entwicklung nicht anders. Erst in den 1950er-Jahren wurde das Gebiet technisch an die Außenwelt angeschlossen. Zur selben Zeit begann die Landflucht, und ein Großteil der alten Häuser verfiel und wurde abgerissen. Immerhin gab es erste Denkmalschutzmaßnahmen, und auch unter den Einwohnern erwachte das Interesse an der Bewahrung ihrer Tradition. Ein Verein zum Schutz der historischen Dorflandschaft wurde gegründet, die ersten Kulturtouristen kamen, und heute ist das Tal ein beliebtes Ausflugsziel. Es liegt zwischen Kanazawa und Takayama. Bei der Fahrt von Nagoya ans Japanische Meer lohnt sich ein Zwischenstopp.

Schutz gegen die Schneemassen

Die Bergtäler der Region gehören zu den schneereichsten Gebieten Japans. Bis zu vier Meter hoch türmt sich im Winter die weiße Pracht. Darauf ist eine Besonderheit der hiesigen Architektur zurückzuführen – bis zu sechzig Grad steile, strohgedeckte Dächer, an denen der Schnee einfach abgleitet. *Gasshozukuri*, »Stil der gefalteten Hände«, nennt man diese Bauart. Im Allgemeinen sind japanische Bauernhäuser bescheidene, einstöckige Bauten mit einem relativ primitiven Giebeldach. Auch hier konnten sich nur die wohlhabendsten Familien eines der prächtigen Gebäude leisten, die aus dem Ortsbild herausragen.

Das herkömmliche japanische Bauernhaus besaß keinen Kamin. Gekocht wurde am Irori, einer offenen, in den Holzfußboden eingelassenen Herdgrube, die an eine urtümliche Feuerstätte erinnert. Wasserkessel und Töpfe wurden mit einer Eisenkette an einem von der Decke herabhängenden Bambusrohr befestigt. Der Rauch stieg einfach

Dick mit Stroh gedeckt sind die steilen Dächer der Bauernhäuser von Shirakawa-go und Gokayama in den bewaldeten Bergtälern der Japanischen Alpen (oben und rechte Seite unten). Gekocht wurde früher auf dem Irori, einer offenen Herdstatt (unten). Zum lebendigen Brauchtum des Shinto gehören Prozessionen durch Feld und Flur (rechte Seite oben).

durchs Dach auf, weshalb das Dachgeschoss nur als Lagerraum verwendet werden konnte. Die mehrstöckigen Geschosse unter dem hohen Gassho-zukuri-Dach dienten jedoch einem besonderen Zweck, nämlich der Seidenraupenzucht, die bis in die 1970er-Jahre gepflegt wurde. Dafür waren sie besonders gut geeignet, denn Seidenraupen brauchen im Lauf ihres Wachstums unterschiedliche Temperaturverhältnisse, die einfach dadurch hergestellt werden konnten, dass man die kostbaren Tierchen in ein anderes Stockwerk transportierte. Aus den Blättern der zur Zucht nötigen Maulbeersträucher stellte man Papier her.

Von Haus zu Haus

Das eindrucksvollste Gebäude von Shirakawa-go ist der Tempel Myozen-ji, genauer gesagt das über zweihundert Jahre alte Wohnhaus des Priesters. Als solches durfte es nach den Gesetzen der Edo-Zeit, in der alles streng reguliert war, aufwendiger konstruiert werden. Außergewöhnlich ist der strohgedeckte Glockenturm. Der Myozen-ji steht ebenso zur Besichtigung offen wie die Wohnhäuser der Familien Wada, Kanda und Nagase.

Stärker auseinandergezogen ist Gokayama, eine aus mehreren Weilern bestehende Siedlung, die sich entlang einem engen Tal erstreckt; das imposanteste Haus hier ist das Iwase-ke.

Ganz besonders idyllisch gelegen ist das Dörfchen Ainokura. Prinzipiell sind alle Häuser mit dem Linienbus erreichbar, allerdings tut sich speziell in Gokayama leichter, wer einen Mietwagen zur Verfügung hat.

VOLKSTÜMLICHE UNTERKUNFT

Minshuku nennt man in Japan das, was in England »Bed and Breakfast« heißt. Allerdings gibt es hier nicht nur Frühstück, sondern auch Abendessen – meist lokale Spezialitäten. Geschlafen wird grundsätzlich auf Futons, geduscht wird im Gemeinschaftsbad, und auch sonst kann man keinen Hotelkomfort erwarten. Gemütlich ist es aber allemal, und selbst wenn man sich nur mit Händen und Füßen verständigen kann, kommen Gastgeber und Gast normalerweise gut miteinander zurecht. Hilfreiche Informationen samt Bewertung finden sich auf der Website www.japaneseguesthouses.com, über die auch gebucht werden kann. Alternativ kann man sich auch an die Fremdenverkehrsinformation von Shirakawa-go wenden.

WEITERE INFORMATIONEN ZU SHIRAKAWA-GO UND GOKAYAMA

Shirakawa-go Tourist Association:
Tel. (05769) 6 1013
Websites: www.shirakawa-go.org/english, www.info-toyama.com/english

21 Kanazawa und die Noto-Halbinsel

Ausflug ans Japanische Meer

Im Westen von Honshu liegt Kanazawa, der alte Sitz des mächtigen Maeda-Clans. Als eine der wenigen größeren Städte Japans von den Zerstörungen des Zweiten Weltkriegs verschont geblieben, birgt es viele historische Schätze. Im Norden reckt sich die idyllische Noto-Halbinsel ins Meer.

Zu den drei bedeutendsten Landschaftsgärten Japans zählt der Kenroku-en mit seiner extravaganten, zweibeinigen Steinlaterne und seinen idyllischen Wasserläufen (oben und rechte Seite). Die Gassen des Samurai-Viertels Nagamachi sind mit gelben, von Ziegeldächern geschützten Lehmmauern gesäumt (unten).

Kanazawa hat eine ausgesprochen interessante Geschichte. Im 15. und 16. Jahrhundert war es das Zentrum einer Bewegung aus Bauern, Mönchen und kleinen Adligen, die erfolgreich gegen die Herrschaft der Gebietsfürsten rebellierte und selbst die Regierung übernahm. Als Oda Nobunaga, einer der drei großen Einiger Japans, gegen die allzu mächtig gewordenen Mönchsorden vorging, war dies das Ende des sogenannten »Bauernkönigreichs«. Nobunaga übergab die Provinz an den Maeda-Clan, unter dem sie eine lange Blütezeit erlebte.

Kulturelles Selbstbewusstsein

Vor allem der Reisanbau im milden Klima begründete den Wohlstand der Provinz, die um 1600 die reichste des Landes war. Die Bevölkerung stieg sprunghaft an, Künstler und Handwerker strömten herbei.
Kanazawa entwickelte sich zu einem der bedeutendsten kulturellen Zentren neben Kyoto und Edo. Die Burg in der Stadtmitte wurde mit eindrucksvollen

Wällen und Wassergräben geschützt, die teilweise erhalten sind, während die Burg selbst im 19. Jahrhundert bedauerlicherweise in Flammen aufging.
Die Wehranlagen, die sich heute auf den Wällen erheben, sind Rekonstruktionen neueren Datums – man plant, einen Großteil des alten Burgareals auf diese Weise wiederherzustellen.
Diese Pläne sind typisch für das kulturelle Selbstbewusstsein des heutigen Kanazawa, einer mittleren Großstadt mit etwa 450 000 Einwohnern. Als äußerst lebendiges Regionalzentrum versucht Kanazawa erfolgreich, das historische Erbe mit modernen Entwicklungen in Einklang zu bringen.
Das demonstriert schon das erste Gebäude der Stadt, mit dem die meisten Besucher konfrontiert werden: der 2005 erneuerte Hauptbahnhof mit einer elegant geschwungenen Halle aus Stahl und Glas. Die Verbindung zur Vergangenheit symbolisiert ein riesiges freistehendes Tor aus Holz, das sich an Vorbilder aus der Schrein- und Tempelarchitektur anlehnt.

Typische Elemente der japanischen Gartenarchitektur im Kenroku-en: Teehäuser, Steinlaternen, von Blumen und Sträuchern gesäumte Bäche, stille Wasserflächen (oben, Mitte, unten), sorgsam gehegte Bäume, deren Äste im Winter hochgebunden werden (rechte Seite unten). Ländliche Noto-Halbinsel (rechte Seite oben).

Ein Garten für alle Jahreszeiten

Hauptattraktion von Kanazawa ist der Kenroku-en, einer der »drei berühmten Gärten Japans«. Diese illustre Trias, zu der noch der Koraku-en in Okayama und der Kairoku-en in Mito gehören, zeichnet sich dadurch aus, dass sie alle ästhetischen Anforderungen an einen perfekten Landschaftsgarten erfüllt. Angelegt wurde er ab 1670 als Privatgarten der Maeda; die jüngsten Ergänzungen stammen aus dem frühen 19. Jahrhundert. Wie es sich für einen japanischen Landschaftsgarten gehört, bietet er zu jeder Jahreszeit stimmungsvolle Blicke – von der zarten Aprikosenblüte im ersten Frühling bis zum flammenden Rot der Ahornblätter im Herbst. Im Winter blühen die Kamelien.

Um den Kenroku-en wirklich genießen zu können, sollte man sich zum einen Zeit nehmen und zum anderen den Besuch so legen, dass man entweder die Stunden gleich nach der Öffnung oder die vor der Schließung mitnimmt. Dadurch vermeidet man zumindest teilweise den Ansturm der einheimischen Bustouristen. Fotoobjekte finden sich in Hülle und Fülle, darunter der 6,60 Meter hohe Wasserfall Midori-taki, ein einzigartiges Merkmal für einen japanischen Landschaftsgarten. Symbol des Kenroku-en ist eine elegant auf lediglich zwei Beinen im Wasser eines Teichs balancierende Steinlaterne.

Geishas und Ninjas

Nagamachi heißt der historische Distrikt von Kanazawa, der gern auch als Samurai-Viertel bezeichnet wird. Tatsächlich wohnten hier bis zur Modernisierung Japans Ende des 19. Jahrhunderts die Krieger der Maeda mit ihren Familien. Die mächtigsten von ihnen besaßen ansehnliche Residenzen und befehligten eigene Trupps von Soldaten, deren Häuser im Umkreis des Haupthauses standen. Jedes Haus hatte einen eigenen Gemüsegarten und je nach Status des Besitzers auch einen Ziergarten. Zur Straße hin schirmten mit Ziegeln gedeckte Mauern aus gelbem Lehm die Anwesen ab. Sie prägen noch heute manche Gassen in Nagamachi. Zu besichtigen sind das Nomura-Haus mit einem hübschen Garten und ganz in der Nähe zwei kleine restaurierte Häuser, in denen Samurai von niedrigem Rang wohnten.

Keine Provinzhauptstadt ohne Vergnügungsviertel – das gilt noch heute, und in der offiziell streng regulierten Edo-Zeit galt es erst recht. In Kanazawa gab es gleich mehrere davon, die den harmlos anmutenden Namen »Teehausviertel« (Chayamachi) tragen. In der betreffenden Sorte Teehaus wurde in erster Linie nicht Tee, sondern Sake serviert, begleitet von den künstlerischen Darbietungen und sonstigen Diensten der Geishas. Sehenswert ist vor allem Higashi-Chayamachi jenseits des Asano-Flusses. Viele der schmalen, hohen Häuser sind noch heute noble Ausgehlokale traditionellen Stils – Geishas sind dort jedoch nur noch äußerst selten anzutreffen. Eines der Gebäude, das Shima-Haus, ist behutsam in seinen Originalzustand zurückversetzt worden und kann besichtigt werden.

Auf wilde Nächte folgt oft der Katzenjammer – wahrscheinlich breitet sich deshalb am Rand von Higashi-Chayamachi ein Tempelviertel (Teramachi) aus,

wo man schön spazieren gehen kann. Interessanter ist jedoch die Tempelgegend am westlichen Vergnügungsviertel. Vor allem steht hier der Myoryu-ji, auch Ninja-Tempel genannt. Der Name führt ein wenig in die Irre, denn die labyrinthische Anlage mit Geheimgängen und Falltüren war als Schutz vor Spionen und Attentätern gedacht. Spaß macht der geführte Rundgang jedenfalls.

Fischerdörfer und Reisfelder

Keine Stunde von Kanazawa entfernt ragt die Noto-Halbinsel wie ein gekrümmter Zeigefinger ins Japanische Meer. Ein Ausflug dorthin ist eine gute Gelegenheit, das ländliche Japan kennenzulernen. Am besten geschieht das mit dem Mietwagen, mit ein wenig logistischer Begabung kommt man jedoch auch mit den öffentlichen Linienbussen zurecht. Von einer typisch japanischen Sightseeingtour ist eher abzuraten. Vorbei am Strand Chirihama gelangt man zuerst zum Myojo-ji, einem Tempel der

Nichiren-Schule mit einer besonders hübschen Pagode. Von hier ist es nicht weit bis Shibagaki, einem idyllisch gelegenen Fischerdorf mit Sandstrand. Kulturelles Zentrum der Noto-Halbinsel ist Wajima, wo seit über tausend Jahren exquisite Lackwaren hergestellt werden. Nachmittags verkaufen die Fischer ihren Fang auf dem Markt am Sumiyoshi-Schrein. Auf der Weiterfahrt entlang der Küste bietet sich bald der Blick auf Senmaida, wörtlich »tausend Reisfelder«, ein Reisanbaugebiet alten Stils, dessen gestufte Felder bis zum Meer hinabreichen. Es erinnert an Felder, wie man sie heute noch in den Ländern Südostasiens findet, während in Japan inzwischen das maschinell zu bearbeitende Schachbrettmuster zum Standard geworden ist. Sosogi heißt das nächste Dorf, wo es zwei herrliche Landhäuser kleiner Adliger zu sehen gibt, dann ist die äußerste Spitze der Halbinsel erreicht, das Kap Rokko-zaki samt Leuchtturm und ein paar kleinen Ausflugslokalen.

MUSEUM MIT MISSION

Frischen Wind soll das »Museum des 21. Jahrhunderts« nach Kanazawa bringen. Architektonisch ist das definitiv gelungen, denn der extravagante eiförmige Bau aus Glas und weiß getünchtem Beton setzt einen pfiffigen Akzent. Zu den fest installierten Kunstwerken gehören der begehbare »Swimmingpool« des Argentiniers Leandro Erlich und ein minimalistischer Raum von Anish Kapoor. Im Museum finden interessante Wechselausstellungen mit zeitgenössischer Kunst statt; auf jeden Fall lohnenswert ist es, das Gebäude von außen in Augenschein zu nehmen und sich anschließend in der Cafeteria vom Stadtbummel auszuruhen.
21st Century Museum of Contemporary Art, 1-2-1 Hirosaka, gleich westlich des Koraku-en, www.kanazawa21.jp/en

WEITERE INFORMATIONEN ZU KANAZAWA

Kanazawa City Tourism Association:
Telefon (076) 232 5555,
Fax (076) 232 1170
Website: www.kanazawa-tourism.com

22 Meiji-mura – Aufbruch in die Moderne

Ein Freilichtmuseum besonderer Art

In der Nähe von Nagoya und von dort leicht erreichbar steht eines der besten und größten Freilichtmuseen der Welt. Über sechzig Gebäude hat man hier zusammengetragen und in die leicht hüglige Landschaft integriert. Benannt wurde das Ensemble nach der Epoche, in der Japan den Sprung in die Moderne tat. Prunkstück ist die Fassade des Imperial Hotels aus Tokyo, ein Entwurf des amerikanischen Architekten Frank Lloyd Wright.

Die europäische und die japanische Architekturtradition vereinen sich in den charmanten Bauten von Meiji-mura (oben). Mit Kyotos erster Straßenbahn rollt man durchs Freilichtmuseum (rechte Seite oben). Kernstück der Anlage ist die Eingangshalle des Imperial Hotels, das Frank Lloyd Wright ursprünglich in Tokyo erbaute (rechte Seite unten).

Die Meiji-Zeit, benannt nach dem 1868 bis 1912 regierenden Tenno, markiert den radikalsten Umbruch der japanischen Geschichte. Aus einem antiquierten, von seiner Regierung von allen äußeren Einflüssen abgeschotteten Feudalstaat entstand binnen weniger Jahrzehnte ein Land, das schon zu Beginn des 20. Jahrhunderts zur pazifischen Großmacht geworden war. Dazu gehörte eine rapide gesellschaftliche Entwicklung, die auch in der Architektur ihren Ausdruck fand.

Trotz des Namens stammen die Gebäude im Park nicht nur aus der Meiji-Zeit, sondern reichen bis in die 1920er-Jahre hinein. Berechtigt ist die Bezeichnung dennoch, weil es um eine erst durch die Zäsur des Zweiten Weltkriegs unterbrochene Phase geht, in deren Verlauf die japanische Architektur sich entscheidend veränderte, ohne ihren Charakter ganz zu verlieren. Präsentiert werden allerdings keineswegs nur Gebäude, bei denen der westliche Einfluss deutlich sichtbar ist. Zum Beispiel hält sich das Badehaus »Azuma-yu« (1910) weitgehend an herkömmliche Formen, und der aus demselben Jahr stammende Barbierladen »Kinotoko« ist ein traditionelles Kaufmannshaus, das geschickt der neuen Funktion angepasst wurde. Andere Bauten greifen die neuen Ideen uneingeschränkt auf, wobei manches an die filigrane Kolonialarchitektur südlicher Regionen erinnert. Ein schönes Beispiel ist die villenähnliche Struktur, die der Marquis Tsugumichi Saigo 1877 für den Empfang von Gästen bauen und mit französischen Möbeln ausstatten ließ. Einen charmanten Eklektizismus zeigt die Sankt-Pauls-Kirche aus der Region Nagasaki, die sich äußerlich an den Stil eines Bauernhauses anlehnt, während

im Innern gotische Formen herrschen. Zwei Bahnen tuckern durch den Park – ein Zügchen mit Dampflok und die erste elektrische Straßenbahn Japans, die 1895 in Kyoto eröffnet wurde.

Das Imperial Hotel

1905 reiste Frank Lloyd Wright (1867 bis 1959), bereits einer der bekanntesten Architekten der Vereinigten Staaten, das erste Mal nach Japan. Als leidenschaftlicher Verehrer des Ukiyo-e erwarb er Hunderte von Holzschnitten, die er später zum Teil an prominente Sammler weiterverkaufte. Beeindruckt war er auch von der praktischen Eleganz der japanischen Architektur, deren Prinzip der offenen Raumgestaltung in seinen »Prairie Style« einging. So ist es kein Wunder, dass er einige Jahre später mehrere Aufträge aus Japan erhielt. Neben mehreren noblen Privathäusern

und einer Schule gehörte dazu auch das Imperial Hotel in Tokyo, damals das erste Haus am Platz und im Besitz des Kaiserhauses befindlich.

Gestaltet hat Wright seinen Entwurf im »Maya Revival Style«, den man dem Art déco zurechnen kann. Er greift auf Motive aus der Kultur der Maya und Azteken zurück, die er spielerisch einsetzt. So erinnert das zentrale Element von Wrights Lobby entfernt an eine mittelamerikanische Pyramide. Kaum war das Hotel vollendet, überstand es das Große Kanto-Erdbeben von 1923.

Vier Jahrzehnte später entsprach das Hotel allerdings nicht mehr den aktuellen Erfordernissen und wurde durch einen seelenlosen Kasten ersetzt. Gerettet hat man glücklicherweise noch die Fassade der Eingangshalle, die samt dem dazugehörigen Pool in Meiji-mura zu bewundern ist.

AUTOLIEBHABER UNTER SICH

Nagoya, wo man zum Ausflug nach Meiji-mura startet, ist eine moderne Großstadt, die kaum Sehenswürdigkeiten bietet. Eine Ausnahme ist das Automobilmuseum der Firma Toyota, das nicht nur die Entwicklung eigener Fahrzeuge aufzeigt, sondern auch allerhand exquisite Oldtimer aus Europa und den USA präsentiert. Teilweise werden die japanischen Modelle dabei anschaulich in den historischen Kontext gestellt. Ein optischer Genuss ist die vollständige Sammlung der eleganten gläsernen Kühlerfiguren, die der französische Art-déco-Künstler René Lalique geschaffen hat.

Toyota Automobile Museum,
Tel. (0561) 63 5151,
www.toyota.co.jp/Museum/index.html

WEITERE INFORMATIONEN ZU MEIJI-MURA UND NAGOYA

Meiji-mura: Inuyama, Tel. (0568) 67 0314
Nagoya: Tourist Information Center im Hauptbahnhof, Tel. (052) 541 4301
Websites: www.meijimura.com/english, www.ncvb.or.jp/en, www.nagoya-info.com

Zen-Gärten und die schillernde Kunstfigur der Geisha zählen zu den Emblemen der alten Hauptstadt Kyoto (oben und Mitte). Eine lebenslustige Metropole ist Osaka (unten). Unterhalb seiner Burg hat sich der Fürst von Hikone am Biwa-See eine Villa am Teich erbauen lassen, deren Architektur das bäuerliche Strohdach aufgreift (rechts).

Kyoto und Umgebung

23 Die Schreine von Ise

Archaisches Nationalheiligtum

In einem flachen, von alten Bäumen bestandenen Tal stehen die Schreine von Ise, eine der ältesten Kultstätten Japans. Der mythischen Ahnherrin des Kaiserhauses gewidmet, erfahren sie von alters her eine besondere Verehrung.

Fragt man Japaner, welcher der beiden in ihrem Land praktizierten Religion sie angehören, dem Shintoismus oder dem Buddhismus, erntet man meist verlegene Blicke. Nur wer einer der vielen »neuen Religionsbewegungen« (Shin-shukyo) angehört, die teilweise stark sektenhafte Züge aufweisen, kann auf so eine Frage eine einigermaßen präzise Antwort geben. Für die meisten Japaner stellt sie sich gar nicht, weil beide Religionen seit alters eine friedliche Koexistenz pflegen. Anders als das Christentum, das in Europa zwar Elemente älterer Praktiken aufgenommen, die betreffenden Religionen aber als Heidentum bekämpft und vernichtet hat, gab es solche Tendenzen in Japan nicht. Als ab dem 6. Jahrhundert n. Chr. der Buddhismus eingeführt wurde, arrangierte er sich problemlos mit der vorhandenen Religion.

Shinto heißt »Weg der Götter«, einzelne Gottheiten werden als Kami bezeichnet. Das liegt daran, dass praktisch alle chinesischen Schriftzeichen auf zwei verschiedene Weisen ausgesprochen werden. In zusammengesetzten Worten spricht man das Zeichen für Gottheit meist *shin*, alleinstehend immer *kami* aus. Im Grunde ist Shinto eine Naturreligion, in der die gesamte Umwelt als göttlich beseelt empfunden wird. Wer Vergleiche sucht, findet sie im Pantheismus des alten Griechenland mit seinen Flussgöttern, Quellnymphen und Satyrn.

Die Heiligkeit der Natur

An der Spitze des shintoistischen Pantheons stehen den großen Naturerscheinungen wie Sonne und Meer entsprechende Gottheiten, die einen eigenen Namen tragen. Auch besonders markante Berge wie der Fuji oder Inseln wie Miyajima gelten als heilig. Daneben ist jedes Stück Erde im Besitz einer meist namenlosen Ortsgottheit, die besänftigt werden muss, bevor man den betreffenden Ort nutzt. Bevor ein Haus gebaut wird, bestellt man deshalb den örtlichen Shinto-Priester, der die geeignete Zeremonie ausführt. Dazu wird der Bauplatz mit den typischen Symbolen des Shinto geschmückt: Seilen aus Stroh (Shimenawa) und im Zickzack geschnittenem weißen Papier (Gohei). Befestigt werden die Seile an vier Pfosten, sodass sich ein temporärer Kultort ergibt. Man sieht

Dunkle und helle Kiesflächen schaffen eine herbe, andachtsvolle Atmosphäre im Umfeld der sakralen Bauten (oben und rechte Seite oben). Aus einem speziellen Stoff gewebt sind die Gewänder der Priester, die uralte Rituale pflegen (rechte Seite unten). An Neujahr strömt eine besonders große Menschenmenge zum Schrein (unten).

Bewusst archaisch gestaltet sind die Bauten des sakralen Bezirks (oben und Mitte). Aus der Edo-Zeit stammt diese historische Häuserzeile im Städtchen Ise, wohin damals große Pilgerzüge strömten (unten). Über den Fluss, der das Schreingelände abgrenzt, spannt sich eine breite, leicht gebogene Holzbrücke (rechte Seite oben und unten).

derart hergerichtete Bauplätze oft, wenn man über Land fährt, denn dort werden diese Bräuche meist noch immer streng befolgt. Aber auch jedes Büro- oder Kaufhaus in Tokyo besitzt seinen der Ortsgottheit gewidmeten kleinen Schrein, der entweder im Vorgarten oder auf dem Dach untergebracht ist. Ise hat einen besonderen Stellenwert im Shinto, weil sich dort der Legende nach die Sonnengöttin Amaterasu niedergelassen hat, die als mythische Ahnherrin des japanischen Kaiserhauses gilt. Im Nai-ku wird eine der drei Throninsignien Japans verwahrt, der Spiegel »Yata-no-kagami«. Einer seit Menschengedenken befolgten Tradition entsprechend werden die Schreingebäude alle zwanzig Jahre neu errichtet, das nächste Mal 2013. Ein wichtiger Wallfahrtsort war Ise schon in der Edo-Zeit – heute kommen jährlich sechs Millionen Menschen angereist.

Blick aufs Verborgene

Das Heiligtum von Ise besteht aus zwei großen Schreinanlagen, die etwa sechs Kilometer auseinander liegen: dem Ge-ku (»Äußerer Schrein«) und dem Nai-ku (»Innerer Schrein«). Dazu kommen 125 im Umkreis verteilte, jeweils einer der beiden Anlagen zugeordnete Nebenschreine, wodurch eine ganze sakrale Landschaft entsteht. Hauptkami des Ge-ku ist Toyouke, Beschützerin der Landwirtschaft und des Handwerks; im Nai-ku wird die Sonnengöttin verehrt. Die beiden Anlagen sind sich sehr ähnlich, wesentlich stimmungsvoller und bedeutender ist jedoch der Nai-ku. Um den großen, von hohen Scheinzypressen beschatteten Bezirk zu betreten, in dem

er sich befindet, muss zuerst eine Brücke über den breiten und flachen Fluss Isuzu überschritten werden. An beiden Enden stehen kultische Tore (Torii). Die Überschreitung dient der rituellen Reinigung; am Flussufer gibt es zusätzlich eine Stelle, wo man sich die Hände waschen und den Mund ausspülen kann – ein Ritual, für das sonst an jedem Schrein Wassertröge zur Verfügung stehen.

Auf der anderen Seite kommt man an verschiedenen Nebengebäuden vorbei, darunter einer Bühne für rituelle Tänze, und erreicht schließlich den eigentlichen Schrein. Er ist von einer hohen Palisade umgeben, sodass nur das Dach sichtbar wird. Direkt daneben ist die mit naturbelassenen Steinen belegte Fläche, die den zweiten, derzeit nicht genutzten Standort des Schreins darstellt. Im klassischen Sinne zu sehen ist in Ise also nur sehr wenig, die klare, erhabene Atmosphäre dieser uralten Kultstätte inmitten der Natur hat jedoch eine Ausstrahlung, der sich kaum jemand entziehen kann.

Im Umkreis der Schreine

Rund um Ise hat sich an verschiedenen Orten eine eigene kleine Industrie etabliert, welche die für den Kult verwendeten Utensilien herstellt. Oft ist von »heiligen Reisfeldern« und Ähnlichem die Rede, aber natürlich sind die Felder und der darauf produzierte Reis nicht heilig – es handelt sich einfach um einen geweihten Ort, der nach shintoistischer Vorstellung nötig ist, um ein entsprechend reines Produkt hervorzubringen. Bei der Aussaat und bei der Ernte des Reises werden deshalb besondere Zeremonien abgehalten. Rituellen Charakter hat auch die Gewinnung der anderen

Opfergaben: Salz, Gemüse, Obst, bestimmte Fischsorten und Seeohren (große Meeresschnecken). In speziellen Webereien werden Hanf und Seide für die Priestergewänder gefertigt, eine Töpferei stellt die für das Opfer verwendete unglasierte Keramik her.

Wie nicht anders zu erwarten, ist der Ort Ise selbst ganz dem Tourismus gewidmet. Da es sich dabei um eine jahrhundertealte Tradition handelt – Ise war in der Edo-Zeit Ziel von Wallfahrern aus dem ganzen Land –, weiß man damit umzugehen. Es gibt eine Menge Läden mit qualitätvollem Kunsthandwerk und nette Lokale, in denen man örtliche Spezialitäten kosten kann. Ein preiswerter einfacher Snack ist *Ise Udon*,

dicke Weizennudeln in einer kräftigen dunklen Sauce, garniert mit Frühlingszwiebeln. *Akafuku* (rotes Glück) heißt eine Süßigkeit aus gestampftem Reis mit roter Bohnenpaste, die mit grünem Tee serviert wird.

Ideal für einen Bummel ist Oharaimachi, ein kleines Viertel am Fluss, gleich vor der Brücke zum Nai-ku gelegen. Hier hat man eine ganze Straße im Stil der Edo-Zeit wiederhergestellt. Wer ein wenig Ruhe vom Trubel braucht, nimmt eine der schmalen Gassen, die zum Fluss führen, an dem man fast ungestört ein Stück entlangspazieren oder sich ans Ufer setzen kann, um den Blick aufs Wasser und den Wald dahinter genießen zu können.

AUSFLUG ZUM MEER

Östlich von Ise erstreckt sich eine zerklüftete Küstenlandschaft. Am Strand von Futamigaura stehen zwei Felsen im Meer, die mit einem dicken Strohseil verbunden sind. Sie symbolisieren das urtümliche Vater- und Mutterpaar. Das Hafenstädtchen Toba wartet mit zwei deutlich moderneren Attraktionen auf, einem ansehnlichen Aquarium, in dem unter anderem Dugongs (Seekühe) zu bewundern sind, und dem Inselchen der Zuchtperlenfirma Mikimoto. Freunde edlen Schmucks finden dort ein Museum und vor allem ausgezeichnete Einkaufsmöglichkeiten, Taucherinnen demonstrieren, wie die Perlen früher geerntet wurden.
Mikimoto Pearl Island,
www.mikimoto-pearl-museum.co.jp/en
Toba Aquarium,
www.aquarium.co.jp/english

WEITERE INFORMATIONEN ZU ISE

Ise City Tourist Information: Am Bahnhof Uji-Yamada, Tel. (0596) 23 9655
Websites: www.ise-kanko.jp/english, www.isejingu.or.jp/english

24 Am sagenumwobenen Biwa-See

Heimat der Kriegermönche

Unübersehbar ragt im Osten von Kyoto der Hiei-zan auf. Die dort heimischen Mönche führten einst erbittert Krieg mit ihren Konkurrenten vom Mii-dera, einem Tempel am Biwa-See. Nur ein paar Zugminuten von Kyoto entfernt, sind Berg und Gewässer einen ausgedehnten Tagesausflug wert.

Im Jahre 804 – Kyoto war vom Kammu-Tenno eben erst zur Hauptstadt gemacht wurden – reiste der Mönch Saicho im Auftrag des Kaisers nach China, um dort neue Anregungen für den japanischen Buddhismus zu suchen. Auf dem Tempelberg Tiantai ließ er sich nieder, lernte die dortige Praxis kennen und sammelte Sutras und andere heilige Schriften, mit denen er im Jahr darauf in seine Heimat zurückkehrte. Dort gründete er die nach dem Berg Tiantai benannte Tendai-Schule, die sich durch eine komplexe asketische Praxis auszeichnet. Auch die Bergasketen der Dewa Sanzan im Norden Honshus gehören in ihren Umkreis.

Wilde Kämpfe und ein Marathonmönch

Zum Zentrum der neuen Schule wurde der Enryaku-ji auf dem Hiei-zan, der die östliche Flanke von Kyoto schützt. Der Orden wuchs, und bald kam es zu Machtkämpfen und einer Spaltung, in deren Folge sich eine Fraktion im Mii-dera am Biwa-See, gleich unterhalb des

Berges, niederließ. Inzwischen waren aus den früheren Asketen Kriegermönche geworden, die sich blutige Kämpfe lieferten. Dabei ging mehrfach eines der beiden Klöster in Flammen auf. Als die Mönche des Hiei-zan auch noch plündernd in Kyoto einfielen, befahl der Kriegsherr Oda Nobunaga seinen Samurai, den Berg zu stürmen und alle Tempel in Schutt und Asche zu legen. Etwa dreitausend Mönche sollen damals abgeschlachtet worden sein. Ein kleiner Teil der Anlage wurde später wieder aufgebaut, und noch heute existiert dort ein Kloster. Bekannt ist es durch die Praxis des Kaihogyo, bei der sich ein Mönch bereit erklärt, nachts sieben Jahre lang eine Strecke von bis zu 84 Kilometern zu laufen. Dabei hält er an bestimmten Stellen eine Weile inne, um Gebete zu sprechen.

Über den Gipfel zum See

Für einen Ausflug zum Biwa-See bieten sich zwei Varianten an. Wer die Tempelanlagen auf dem Hiei-zan erkunden und den Blick vom 848 Meter hohen Gipfel

Reich an Legenden ist die Landschaft um den Biwa-See, in dem die Wallfahrtsinsel Chikubu liegt (oben und rechte Seite unten). Mit ihren Konkurrenten auf dem Hiei-zan in ständigem Streit lagen die Mönche des Mii-dera von Otsu (unten). Weniger wehrhaft, mehr verspielt wirken die geschwungenen Dächer der kleinen Burg von Hikone (rechte Seite oben).

genießen will, nimmt die Seilbahn, die vom Nordosten Kyotos nach oben führt. Die meisten Heiligtümer des Enryaku-ji liegen nah genug beieinander, um zu Fuß erreichbar zu sein. Besonders eindrucksvoll ist der Konpon Chu-do, der an der Stätte von Saichos erster Einsiedelei steht. Der von einem überdachten Gang umschlossene jetzige Bau stammt aus dem Jahr 1642. Nach Sakamoto, einem Ortsteil von Otsu am Biwa-See, gelangt man anschließend mit einer zweiten Seilbahn. Wer einigermaßen gut zu Fuß ist, sollte aber den hübschen, mit Steinen gepflasterten Weg wählen, der durch den Wald den Hang hinabführt. In beiden Fällen ist es unten nicht weit bis zu einer Bahnstation. In Sakamoto lohnt ein Besuch des Hiyoshi-Taisha, eines der Schutzgottheit des Enryaku-ji gewidmeten Schreins. Die an dem Berghang lebenden, keineswegs scheuen Affen galten als Botschafter des Gottes.

Das Alternativprogramm besteht in einer Bahnfahrt direkt nach Otsu, um dort den Mii-dera aufzusuchen. Sein prachtvolles Tor und die aus dem 16. Jahrhundert stammende Haupthalle sind von üppigem Grün umgeben. Vom Hafen der Stadt starten Ausflugsschiffe zu einer Rundfahrt über Japans größten See, darunter ein nicht ganz zum Ambiente passender Mississippi-Raddampfer namens »Michigan«. Man kann aber auch mit dem Zug weiter nach Hikone am Ostufer des Sees fahren. Zu sehen sind hier eine kleine Burg im Originalzustand und der Genkyu-en, ein wunderschöner Landschaftsgarten der Edo-Zeit mit einer 1677 für den örtlichen Daimyo erbauten strohgedeckten Villa.

DIE ABENDGLOCKE DES MII-DERA

Auf seiner Weltreise kam der deutsche Dichter und Maler Max Dauthendey (1867 bis 1918) auch nach Japan, wo er sich von der Landschaft um Kyoto zu einer Reihe romantischer Novellen inspirieren ließ. *Die acht Gesichter am Biwasee* erzählen vom Klang der uralten Glocke des Mii-dera, vom Herbstmond in Ishiyama und vom Nachtregen in Karasaki. Sie sind eine noch heute lesenswerte Liebeserklärung an Japan aus europäischer Sicht.

Videotipp: *Der Marathonmönch von Kyoto*, erhältlich auf DVD, ist eine ausgesprochen interessante Dokumentation von Ingolf Baur über Hoshino Endo, der derzeit nachts viele Stunden lang über die Hänge des Hiei-zan läuft.

WEITERE INFORMATIONEN ZUM BIWA-SEE

Biwako Visitors Bureau: Otsu, Tel. (077) 511 1535
Websites: www.otsu.or.jp/en, www.info.biwako-visitors.jp/ biwakonotabi/english, www.city.hikone.shiga.jp/english

25 Der Nordwesten von Kyoto

Steingarten und Goldglanz

Am Rand der grünen Hügel im Nordwesten Kyotos stehen zwei Tempel, die äußerst gegensätzliche Kostbarkeiten bergen: einen bewusst schlichten Zen-Garten und einen glanzvollen Pavillon. Ein Hort der Teezeremonie ist der Daitoku-ji, eines der großen Klöster der Zen-Tradition.

Der Tempel des Drachens

Wie bei vielen Tempeln Kyotos stand auf dem Gelände des Ryoan-ji ursprünglich eine Adelsresidenz, die zuerst im Besitz der Fujiwara war. Hosokawa Katsumoto, der einem Zweig dieser mächtigen Familie angehörte, erbte das Anwesen. Er war Statthalter des Shoguns und verantwortlich für den Onin-Krieg, der eine über hundert Jahre dauernde Zeit der Unruhen einleitete. Um dennoch spirituelle Verdienste zu erwerben, folgte er einem häufig gepflegten Brauch und bestimmte, dass sein Wohnsitz nach seinem Tod in einen Tempel umgewandelt werden sollte.

Als Kontrast zu den kriegerischen Konflikten, an denen Katsumoto zeitlebens beteiligt war, erhielt das Heiligtum den Namen »Tempel des zur Ruhe gekommenen Drachens«. Das namengebende Fabelwesen ist eines der chinesischen Tierkreiszeichen: der schlangenförmige, oft fröhlich dreinblickende Drache, der durch den Himmel fliegt.

Der Ryoan-ji gehört zur Schule des Rinzai-Zen und erfüllt weiterhin seine reli-

Wer Kyoto besucht, kommt mit Sicherheit auch hier vorbei: am geheimnisvollen Steingarten des Ryoan-ji und am Goldenen Pavillon, der sich im blauen Wasser eines mit Inselchen geschmückten Teichs spiegelt (oben und rechte Seite). Ausgesprochen üppig gestaltet ist der Garten hinter dem Hauptbau des Ryoan-ji (unten).

giöse Funktion; der 1983 verstorbene Abt Matsukura-Roshi war ein bekannter Zen-Meister und Kalligraf. Von diesen Aktivitäten bekommen die zum früheren Wohnhaus des Abtes strömenden Besucherscharen freilich nichts mit, denn sie sind nur an einem interessiert – dem Steingarten, der von der hölzernen Veranda aus zu bewundern ist.

Inbegriff des Zen

Die japanische Gartenkunst hat sehr verschiedene Formen hervorgebracht, zum Beispiel den großflächigen Landschaftsgarten der Edo-Zeit. Er wird auch als Wandelgarten bezeichnet, weil er dem genussvollen Spaziergang dient. Im Gegensatz dazu kann der im Ryoan-ji sichtbare Typ überhaupt nicht betreten, sondern nur von einer leicht erhöhten Warte aus betrachtet werden. Sein Name Kare-san-sui – wörtlich »trocken, Berg, Wasser« – bezieht sich auf die Gestaltungselemente: größere Felsbrocken als Berge in einem trockenen »Meer« aus Kies, das mit dem Holzrechen bearbeitet wird, um wellenförmige

Mit Lätzchen geschmückte Jizo-Statuen, ein strenger Steingarten und das Eingangstor im Daitoku-ji, einem der fünf großen Zen-Klöster Kyotos (oben, unten und rechte Seite oben). Nicht nur einen Zen-Garten, sondern auch einen üppigen Paradiesgarten aus der Heian-Zeit besitzt der Ryoan-ji (Mitte und rechte Seite unten).

Linien zu erzeugen. Oft werden die Felsen auf moosbewachsenen Inseln platziert.

So berühmt der Garten des Ryoan-ji heute ist, so unbekannt war er noch vor hundert Jahren. Erst im 20. Jahrhundert wurde er von Liebhabern entdeckt und zum Inbegriff des Zen-Gartens stilisiert. Das hat durchaus seinen Sinn, denn während es wesentlich prächtigere und dramatischere Trockengärten gibt, drückt sich gerade in der bewussten Einfachheit und Bescheidenheit des hiesigen Gartens der meditative Geist des Zen in seiner reinsten Form aus.

15 verschieden große Felsen sind auf der rechteckigen Kiesfläche so arrangiert, dass man von keinem Ort auf der Veranda aus alle im Blick hat. Nur wer erleuchtet ist, heißt es, kann alle Felsen erkennen. Ein wichtiges Element ist die überdachte Mauer aus mit Öl getränktem gelben Mörtel, die den Garten rahmt. Man hat sie bewusst in einem Zustand gelassen, der die Spuren der Zeit sichtbar macht.

Ein aristokratischer Pavillon

Es kann kaum einen stärkeren Kontrast geben als den zwischen dem Understatement des Ryoan-ji-Gartens und der schillernden Eleganz des Kinkaku-ji. Wie der Ryoan-ji diente er einst als Sitz eines hohen Adligen, des Shoguns Ashikaga Yoshimitsu (1358 bis 1408), der sich nach seiner Abdankung hierher zurückzog. Als der Palast nach seinem Tod in einen Tempel umgewandelt wurde, ließ man das prachtvollste Element der Anlage intakt – den mit Blattgold überzogenen Pavillon, der heute das wohl meistfotografierte Bauwerk Kyotos ist. Auf ihn

bezieht sich auch der volkstümliche Name des Tempels, denn Kin-kaku heißt »Goldener Pavillon«. Verwandt ist dieser Gebäudetyp mit den Lustschlössern europäischer Residenzen – der Pavillon diente zum Empfang von Gästen. Ob die Vergoldung von Anfang an vorhanden war, ist unbekannt. Jedenfalls war sie längst verschwunden, als ein geisteskranker Mönch den Pavillon am 2. Juli 1950 in Brand steckte. Yukio Mishima, einer der wichtigsten japanischen Schriftsteller der 1950er- und 60er-Jahre, hat dieses Ereignis in seinem Roman *Der Tempelbrand* verarbeitet, der momentan nur antiquarisch erhältlich ist. 1955 wurde der Pavillon originalgetreu rekonstruiert und 1987 mit einer neuen Goldschicht überzogen, die wesentlich dicker ist als die ursprüngliche. Dass nur die oberen zwei Stockwerke vergoldet sind, hat damit zu tun, dass der grazile Bau drei verschiedene Stile kombiniert: Die Fassade des Erdgeschosses ist an die Paläste der Fujiwara-Zeit angelehnt, der erste Stock ähnelt Samurai-Residenzen, das Obergeschoss ist im Stil eines chinesischen Zen-Tempels mit den typischen glockenförmigen Fenstern erbaut. In der Mitte des Dachs thront ein goldener Phönix, der allerdings eine eher plumpe Figur macht. Das und die Besuchermassen, mit denen man den Anblick unweigerlich teilen muss, tun dem überwältigenden Bild des sich im Wasser eines Teiches spiegelnden Pavillons jedoch keinen Abbruch.

Heimat der Teezeremonie

Zu den fünf großen Klöstern des Rinzai-Zen in Kyoto gehört der Daitoku-ji, ein großes, von Mauern umschlossenes

Areal mit 24 Untertempeln. Im Jahre 1319 von dem legendären Meister Daito Kokushi gegründet, hat es viele bedeutende Mönche beherbergt, darunter Ikkyu Sojun, eine wegen ihrer exzentrisch-humorvollen Art noch heute äußerst populäre Gestalt.

Während die Zen-Klöster von Kamakura mit der strengen militärischen Ethik der Samurai verbunden sind, entwickelte sich im Daitoku-ji ein sanfteres Element der japanischen Kultur, die Kunst der Teezeremonie. Gefördert von Oda Nobunaga und Toyotomi Hideyoshi, den führenden Kriegsherren des späten 16. Jahrhunderts, schufen Meister wie Sen no Rikyu und Kobori Enshu die Regeln dieses Rituals, das einen der noch heute praktizierten japanischen Schulungswege darstellt.

Tore und Tempelhallen

Nirgendwo wird der Geist der Zen-Kultur so deutlich erfahrbar wie bei einem Spaziergang über die Wege des Daitoku-ji. Gerahmt von Lehmmauern und mit Stein gepflastert, strahlen sie eine nüchtern-intensive Strenge aus.

Zwischen hohen Bäumen erheben sich Tore und Tempelhallen aus dunkel verwittertem oder rot gefärbtem Holz. Betritt man den Daisen-in, einen der Untertempel, so wandelt sich die Atmosphäre. Von der Veranda bietet sich der Blick in eine der schönsten Gartenkompositionen Japans – ein Ensemble aus Felsen, weißem Sand und leuchtendem Grün. Es zeigt den Einfluss des Tuschmalers Soami (etwa 1455 bis 1525), dessen Gemälde hier in die Dreidimensionalität übergegangen sind.

BESUCH AM FILMSET

Historische Filme und Fernsehserien, in denen unweigerlich Samurai und Geishas auftreten, werden in den Kyotoer Studios der Firma Toei gedreht. Dort hat man eine ganze kleine Stadt der Edo-Zeit mit liebevoll gestalteten Fassaden aufgebaut. Auf den Straßen führen originalgetreu gewandete Schwertkämpfer ihre Künste vor, und eine Ninja-Show darf natürlich nicht fehlen. Am Wochenende treten die Zeichentrickhelden von Toei auf, darunter die auch bei uns äußerst beliebten »Power Rangers«. Nicht nur Fans japanischer Serien erhalten hier einen amüsanten Einblick in einen wichtigen Aspekt der Populärkultur.

Toei Kyoto Studio Park, Zwischen den JR-Bahnhöfen Hanazono und Uzumasa, www.toei-eigamura.com

WEITERE INFORMATIONEN ZU KYOTO

Kyoto City Tourist Information: Hauptbahnhof, 1. Etage, Tel. (075) 343 6655
Websites: www.kyotojoho.co.jp/english, www.kaiwai.city.kyoto.jp/raku/modules/english, www.pref.kyoto.jp/visitkyoto/en

Eines der Wahrzeichen der alten Hauptstadt ist das Ensemble des Kiyomizu-dera, das auf einem Hang der östlichen Hügel thront (oben). So kunstvoll wie ihre aus bunter Seide gewebten Gewänder und ihre Frisur ist das feine Lächeln der *Maiko*, wie die Geisha in ihren Ausbildungsjahren genannt wird (rechte Seite).

26 Der Osten von Kyoto

Geishas und ein philosophischer Spaziergang

Kyoto ist eine Stadt mit vielen Gesichtern: zum einen moderne City, zum anderen ein Schatzhaus alter japanischer Kultur. Seine Bürger sind lebenslustig, modebewusst und stolz auf diese Tradition. Das urbane Leben Kyotos spielt sich hauptsächlich im Westen des Kamo-gawa ab, eines breiten, flachen Flusses, der die Stadt in Nord-Süd-Richtung durchströmt. Im zentralen Shopping-Viertel rund um die Shijo-dori sind elegante Kaufhäuser und Boutiquen angesiedelt, abends zieht es die Menge in Spezialitätenlokale jeder Art. Auf Schritt und Tritt ist dabei spürbar, dass man sich bemüht, Tradition und Modernität auf einen Nenner zu bringen, was oft durchaus gelingt. Ausgesprochen bunt und vielfältig geht es in der Nishiki-koji zu, einer schmalen Marktgasse alten Stils, wo man alles erwerben kann, was zur Zubereitung eines japanischen Festmahls gebraucht wird. Eher touristisch orientiert ist die überdachte Einkaufspassage Teramachi – ein guter Ort, um nach Souvenirs zu stöbern.

Das Viertel der Geishas

Überquert man den Fluss in östlicher Richtung, ändert sich die Atmosphäre. Von der leicht kitschig wirkenden Fassade des Kabuki-Theaters Minami-za am anderen Ufer sollte man sich nicht abschrecken lassen – nicht nur für ausgesprochene Theaterliebhaber ist der Besuch einer Vorstellung ein Genuss. Im Gegensatz zur elitären Kunst des No-Theaters, für die man viel Geduld ausgeben muss, ist Kabuki ein farbenfreudig-grelles Spektakel, das Spaß macht, selbst wenn man nichts davon versteht. Für eine Übersetzung per Kopfhörer ist allerdings gesorgt.

Gleich hinter dem Minami-za beginnt Gion – Inbegriff des Vergnügungsviertels der Edo-Zeit und berühmt für seine Geishas. Die gibt es heute noch, aber bei den jungen, in auffällige Kimonos gekleideten Damen, die man in Gion und Umgebung antrifft – und gern fotografieren darf –, handelt es sich um Mai-

Einer Staatshalle der Heian-Zeit nachempfunden sind die leuchtend roten
Bauten des Heian-Schreins mit ihren grünen Ziegeldächern (oben und unten).
Die *Maiko* sind es gewohnt, als Fotoobjekt zu dienen (Mitte). Schön spazieren
gehen kann man im Garten des Heian-
Schreins (rechte Seite oben) und am Philosophenweg (rechte Seite unten).

kos, offizielle Geisha-Auszubildende, von
denen nach Beendigung der harten,
sechsjährigen Ausbildung allerdings
nicht alle als Geisha arbeiten. Eine der
dortigen Straßen, die Hanami-koji, hat
man im Stil der Edo-Zeit restauriert. An
ihrem südlichen Ende steht das Gion
Kaburenjo, ein Theater, dessen Bühne
im April ganz für die Maikos reserviert
ist. Begleitet von Musikern mit traditionellen Instrumenten, führen sie Miyako-
Odori auf – wörtlich »Tanz der Hauptstadt« –, bestehend aus Tänzen, Liedern
und schauspielerischen Darbietungen.
Wer zu dieser Zeit hier ist, sollte sich die
Gelegenheit nicht entgehen lassen.

Schmuckstück zu Ehren des Kammu-Tenno

Eine Extravaganz in Scharlachrot ist der
Heian-jingu, Kyotos größter Shinto-
Schrein. Erbaut hat man ihn erst 1895
zu Ehren von Kaiser Kammu, dem Gründer Kyotos. Damit ist er Ausdruck des
Nationalismus, der in der Meiji-Zeit von
staatlicher Seite propagiert wurde. Weithin sichtbarer Ausdruck dessen ist das
24 Meter hohe, leuchtend rot lackierte
Torii aus Stahlbeton, das die zum
Schrein führende Straße überspannt.
Der eigentliche Schrein mit seinen beiden Seitenflügeln, zwischen denen sich
eine riesige weiße Kiesfläche erstreckt,
verbreitet eine deutlich zurückhaltende-
re, dennoch glanzvolle Atmosphäre.
Zum architektonischen Vorbild hat man
den um das Jahr 800 erbauten Palast
des Kammu-Tenno genommen, genauer
gesagt die Staatshalle, in der Zeremonien stattfanden und Gesandte empfan-
gen wurden. Sie wurde im Zwei-Drittel-
Maßstab reproduziert.

Die Inszenierung der elegant-schlichten
Bauten verfehlt ihre Wirkung nicht. Wer
Glück hat, kann vor dem Gebäude rech-
ter Hand das Foto-Shooting eines frisch
getrauten Ehepaars im traditionellen
Gewand beobachten – und selbst ein
Bild machen, was mit Sicherheit nicht
auf Ablehnung stößt. Vor allem zur
Kirschblütenzeit unbedingt lohnend ist
ein Spaziergang im weitläufigen Garten
des Schreins, der sich durch viele wun-
derschön gestaltete Ecken mit kleinen
Wasserläufen und Teichen auszeichnet.
Über einen großen See spannt sich eine
lange, überdachte Brücke, deren dunkle
Dächer sich im Wasser spiegeln.

Der Mondkegel am Silberpavillon

Wie sein vergoldetes Gegenstück auf der
anderen Seite des Flusses war der Ginkaku-ji, wörtlich »Tempel des Silbernen
Pavillons«, ursprünglich der Ruhesitz
eines Shoguns aus der Familie Ashikaga.
Yoshimasa, sein Erbauer, war Enkel von
Yoshimitsu, Schöpfer des Goldenen
Pavillons. Statt seinen Großvater zu
übertrumpfen, gab er sich mit einem
wesentlich bescheideneren Bau zufrie-
den – wahrscheinlich nicht ganz freiwil-
lig, denn inzwischen hatte der Onin-
Krieg das Land verwüstet. Deshalb
wurde der Plan, den Pavillon mit Silber
zu überziehen, auch nie ausgeführt. Als
Symbol einer verfeinerten aristokrati-
schen Kultur, deren Protagonisten
Gedichte schrieben, Tuschbilder malten
und die Teezeremonie pflegten, ist er
weltberühmt. Umso erstaunter ist man,
sobald man den Pavillon erblickt, denn
wenn es perfektes Understatement gibt,
findet man es hier. Der von Bäumen
umstandene zweistöckige Pavillon tritt

ganz hinter seine Hauptfunktion als Warte für die Betrachtung des Gartens zurück. Letzterer ist spektakulär: Über sorgfältig gestuften Wellen aus weißem Sand erhebt sich ein völlig symmetrischer Kegel, der aussieht, als hätte ein Riesenkind seinen Sandeimer umgestülpt. Eigentlich ist das Ensemble dazu gedacht, bei Mondschein betrachtet zu werden, es wirkt jedoch durchaus auch bei Tageslicht.

Über den Philosophenweg

Am Ginkaku-ji beginnt ein äußerst beliebter, dennoch zauberhafter Spaziergang an einem in Stein gefassten Bächlein, das sich am Hang entlangschlängelt. Benannt ist dieser Weg nach dem Philosophen Kitaro Nishida (1870 bis 1945), der sich erfolgreich um eine Synthese östlichen und westlichen Denkens bemühte. Er wohnte in der Gegend und unternahm, wie es heißt, täglich einen Spaziergang am Bach, um seine Gedanken zu ordnen. Am schönsten ist der Philosophenweg zur Zeit der Kirschblüte und im Herbst – dann sollte man unbedingt am frühen Morgen hierher kommen, um die leuchtenden Farben in Ruhe zu genießen. Ein ganzes Stück weiter südlich steht am Hang der Kiyomizu-dera. In den Läden der steilen Gassen, die zu ihm hinaufführen, kann man wunderbar stöbern, denn das Kyotoer Handwerk bringt viele hübsche Dinge hervor. Oben wartet eine Gruppe eindrucksvoller Bauten, die großteils aus dem 16. Jahrhundert stammt. Wahrzeichen des Tempels ist die gewaltige hölzerne Balkenkonstruktion, auf der sich die Haupthalle erhebt. Am Geländer der dadurch gebildeten Veranda stehend, kann man ganz Kyoto überblicken. Weiter hinten führen Stufen hinab zu einer Quelle, aus der einer alten Überlieferung zufolge heilkräftiges Wasser sprudelt.

RADELN AM FLUSS

Auf dem Land kann man sich in Japan vielerorts Fahrräder ausleihen, um die Gegend zu erkunden, während die meisten japanischen Großstädte dazu herzlich ungeeignet sind. Kyoto ist eine Ausnahme. Am Ostufer des Flusses führt ein Weg entlang, von dem man Abstecher zu Sehenswürdigkeiten wie dem Heian-Schrein und dem Ginkaku-ji machen kann. Beim »Kyoto Cycling Tour Project« gibt es geführte Touren in englischer Sprache und Leihräder, die man bei verschiedenen Stationen abholen und abgeben kann. Wer es gemütlicher mag, mietet bei »Kyo no Raku Chari« ein Elektrorad. Achtung: Radwege gibt es kaum, deshalb bewegen sich japanische Radfahrer bei verkehrsreichen Straßen auf dem Gehsteig vorwärts, was man unbedingt nachahmen sollte.

WEITERE INFORMATIONEN BEI

Kyoto Cycling Tour Project (KCTP): Tel. (075) 354 3636, www.kctp.net/en
Kyo no Raku Chari: Tel. (075) 761 5828, www.eng.rentacycle.jp

27 Der Süden von Kyoto

Ein ganz besonderes Mandala und viele bunte Tore

Schon vom Shinkansen aus kann man sie sehen: die fünfstöckige Pagode des To-ji, eines der Wahrzeichen der alten Kaiserstadt. Weiter östlich steht das große Zen-Kloster Tofuku-ji – noch heute ein Ort strenger Praxis. Am Fuchs-Schrein Fushimi Inari spaziert man durch lange Tunnels aus leuchtend rot lackierten Toren.

Von einem Wassergraben umgeben ist das Gelände des To-ji, dessen mächtige, fünfstöckige Pagode 55 Meter in den Himmel ragt (oben und rechte Seite). Zuletzt 1644 wiederaufgebaut, ist sie das höchste Holzgebäude Japans. In den Neujahrstagen geht es am Fushimi Inari Taisha äußerst lebhaft zu (unten).

Im Laufe des 8. Jahrhunderts waren die buddhistischen Klöster von Nara, der ersten echten Hauptstadt Japans, so mächtig geworden, dass eine Verlegung der kaiserlichen Residenz notwendig wurde. Um sich vor einer Wiederholung dieser Entwicklung zu schützen, förderte das Kaiserhaus zwei Reformbewegungen innerhalb des Buddhismus, die von den Mönchen Kukai und Saicho initiiert worden waren. Zwei große Tempelanlagen entstanden, um die neue, nach chinesischem Vorbild im Schachbrettmuster errichtete Hauptstadt vor widrigen Einflüssen zu schützen: der Enryaku-ji auf dem Hiei-zan im Osten und der To-ji im Süden des Kaiserpalastes, der das Zentrum der Stadt bildete.

Die schützende Funktion von Heiligtümern war ein wichtiger Teil mittelalterlicher Stadtplanung. Man lebte in ständiger Furcht vor Unheil, das nach dem Glauben der Zeit durch bösartige Geister verursacht wurde. Verstärkt wurde diese Angst im Falle Kyotos dadurch, dass am ersten Ort, an dem man die neue Hauptstadt hatte gründen wollen –

ein Stück weiter westlich –, schlechte Vorzeichen aufgetaucht waren. Abgewendet werden konnte das drohende Unheil durch Maßnahmen, die in der heutigen Feng-Shui-Lehre nachklingen. Zum einen wählte man eine bestimmte geografische Lage, weshalb Kyoto im Westen, Norden und Süden von Hügeln umgeben ist, während im Süden das Meer liegt; zum anderen wurden an strategischen Stellen Tempel errichtet, die spirituelle Mauern bildeten.

Meisterwerke der Holzskulptur

Um dem To-ji besondere Kraft zu verleihen, ersann der zum Abt ernannte Kukai etwas noch nie da Gewesenes – ein Mandala aus 21 teilweise überlebensgroßen Holzskulpturen, die verschiedene Aspekte der esoterischen Shingon-Lehre verkörpern. Der Legende nach hat Kukai sie eigenhändig geschnitzt. In einer der zwei ehrwürdigen Hallen des To-ji sind sie noch heute aufgestellt und bilden ein ebenso kunstvolles wie originelles Pantheon der buddhistischen Lehre. Einen besonders innigen Ausdruck hat

Tunnels aus rot lackierten Shinto-Toren ziehen sich den Hang über dem prachtvollen Hauptbau des Inari Taisha hinauf (oben und Mitte). Charakteristische Merkmale des Zen-Klosters Tofuku-ji sind moderne Steingärten und eine überdachte Brücke (unten und rechte Seite oben). Am To-ji gibt es den größten Flohmarkt Kyotos (rechte Seite unten).

der aus dem Hinduismus entlehnte vielköpfige Gott Brahma, auf Japanisch *Bonten*, der auf einem von vier Gänsen getragenen Lotos sitzt. Im Zentrum steht der kosmische Buddha Dainichi-Nyorai.

Bekannter noch als dieses Mandala ist die fünfstöckige Pagode, mit knapp 55 Metern die höchste Japans. Zuletzt in der Edo-Zeit wiederaufgebaut, ist sie das alte Wahrzeichen Kyotos. Neben diesen Kulturschätzen gibt es am 21. jedes Monats noch einen anderen Grund, den To-ji aufzusuchen. Dann findet nämlich auf seinem Gelände ein großer Flohmarkt statt, auf dem – neben der üblichen Secondhand-Ware – allerhand interessante Antiquitäten und Keramik angeboten werden.

Die Strenge des Zen

Zwei große Zen-Richtungen haben sich, aus China kommend, im 11. und 12. Jahrhundert in Japan etabliert: die Rinzai- und die Soto-Schule. Während Letztere lediglich zwei Hauptsitze hat, den Eihei-ji in den Hügeln von Fukui nördlich von Kyoto und den Soji-ji in Yokohama, hat der Rinzai sich in mehrere Zweige geteilt. Fünf dieser Zweige haben in Kyoto ihr Stammkloster, an dem noch heute die Priester für die übers Land verstreuten Untertempel ausgebildet werden. Mönche sind sie inzwischen nicht mehr, obwohl der Ausdruck oft gedankenlos verwendet wird. Selbst Zen-Meister sind heute nicht selten verheiratet.

Keido Fukushima, der vor einigen Jahren zurückgetretene Roshi (Meister) des Tofuku-ji, ist von anderem Schrot und Korn. Zu seinen ausländischen Schülern

zählen der Amerikaner Jeff Shore und Muho Nölke, ein gebürtiger Berliner, der als junger Mann nach Japan kam, inzwischen die Priesterausbildung der Soto-Schule abgeschlossen hat und Vorsteher eines Tempels in den Bergen von West-Honshu ist – eine durchaus ungewöhnliche Karriere.

Es passt zum Tofuku-ji, dass dort ein Roshi alten Stils tätig ist. In kaum einem anderen Kloster ist die nüchterne Strenge der Zen-Praxis so deutlich spürbar wie hier. Das große, zweistöckige Eingangstor, ein Grundelement jedes Zen-Klosters, ist das älteste seiner Art in Japan. Außergewöhnlich sind zwei Gebäude, die man so sonst nirgendwo mehr betrachten kann, das Dampfbad (Yokushitsu) und die Gemeinschaftstoilette (Tosu) der Mönche früherer Zeiten. Dass ausgesprochen profanen Zwecken dienende Bauten wie diese einen derartigen Stellenwert im Klostergefüge hatten, weist auf die Maxime des Zen hin, jeden Aspekt des Lebens mit derselben Achtsamkeit zu behandeln.

Zu den Besonderheiten der Anlage zählt ferner eine elegante überdachte Holzbrücke, die eine kleine Schlucht überspannt. Im Herbst leuchten darunter die roten Ahornblätter. Die Zen-Gärten am Hojo, dem Wohnhaus des Abtes, stammen aus dem 20. Jahrhundert. Sie demonstrieren, wie kreativ man in moderner Zeit mit den spärlichen, aber effektvollen Mitteln dieses Stils umgehen kann.

Am Schrein der Füchse

Inari, der Shinto-Gottheit der Fruchtbarkeit und Landwirtschaft, ist der Fushimi Inari Taisha an einem bewaldeten Hügel

südlich des Tofuku-ji gewidmet. Wie der To-ji spielte er eine besondere Rolle für das Kaiserhaus. So bestimmte der Murakami-Tenno 965, dass regelmäßig Boten zum Schrein entsandt wurden, um der Gottheit wichtige Ereignisse am Hof mitzuteilen. Heute ist das Heiligtum ein beliebtes Ausflugsziel – besonders in den Tagen nach Neujahr, wenn das ganze Land Urlaub hat und zu Tempeln und Schreinen strömt, um für Glück und Erfolg im neuen Jahr zu beten. Mit einer besonderen Frömmigkeit hat dieser Brauch nicht zu tun, schon eher mit einem praktischen Ansatz: Schaden kann es nichts, nützen vielleicht schon. Das gilt auch für die hübsch gestalteten Amulette, die an sämtlichen Heiligtümern feilgeboten werden.

Als Botschafter von Inari gilt der Fuchs, der überhaupt eine wichtige Rolle in den Mythen und Märchen des Landes spielt. Füchse, heißt es, können sich in Menschen verwandeln. Dabei sind sie teils schlau bis zur Hinterlist wie unser Meister Reineke, teils treue Beschützer und Begleiter wie im Fushimi Inari, wo ihnen mehrere Bronzestatuen gewidmet sind. Statt der sonst üblichen Löwen sitzen sie links und rechts der Treppe, die zum Eingangstor der Anlage am Fuß des Hügels führt. Dahinter gelangt man zur eigentlichen Attraktion des Schreins, den gewundenen Wegen zum oberen Heiligtum, die mit Tausenden rot lackierter Torii überdacht sind. Ein Besuch ist lohnenswert, denn es macht großen Spaß, darin herumzuwandern.

SCHNUPPERSTUNDE IM ZEN

An und für sich ist die Zen-Meditation eine sehr ernsthafte Sache – lange Stunden auf einem nicht sehr weichen Kissen. In Kyoto hat man allerdings Gelegenheit, einmal hineinzuschnuppern. Zwei Untertempel des Myoshin-ji, eines großen Rinzai-Klosters im Nordwesten der Stadt, bieten eine praktische Einführung auf Englisch an. Im Shunko-in kann man auch übernachten, während man im Taizo-in nicht nur etwas über Zazen (Sitzmeditation) erfährt, sondern auch über Teezeremonie, Zen-Küche und Kalligrafie.

Shunko-in, Tel. (075) 462 5488, www.shunkoin.com

Taizo-in, www.taizoin.com, Kontakt über das Formular auf der Website

Lesetipp: Abt Muho, *Zazen oder Der Weg zum Glück*, Reinbek 2007

WEITERE INFORMATIONEN ZUM SÜDEN VON KYOTO

Kyoto City Tourist Information: Hauptbahnhof, 1. Etage, Tel. (075) 343 6655 **Websites:** www.kaiwai.city.kyoto.jp/raku/modules/english, www.tofukuji.jp

28 In der Phönix-Halle von Uji

Abglanz der Heian-Zeit

Zu den Schauplätzen der um das Jahr 1000 von der Hofdame Murasaki Shikibu verfassten »Geschichte vom Prinzen Genji« gehört Uji, wo Japans bester Tee angebaut wird. Von der höfischen Eleganz dieser Zeit zeugt der Byodo-in, gestiftet von einem Regenten aus dem mächtigen Fujiwara-Clan.

Uji liegt an der Bahnstrecke von Kyoto nach Nara und ist eine kleine Stadt, die eine besondere Rolle in der japanischen Geschichte spielt. In der »goldenen« Heian-Zeit (794 bis 1185) war es der ländliche Rückzugsort des Hofadels, der sich hier elegante Villen erbaute und kulturellen Vergnügungen hingab.

Im Lauf dieser Epoche nach der Gründung Kyotos und vor den kriegerischen Wirren späterer Jahrhunderte erblühte eine aufs Höchste verfeinerte höfische Kultur, die sich allmählich von den bis dahin dominierenden Vorbildern aus China löste. Ein Beispiel ist die Erfindung der Silbenschrift Hiragana, die ein fester Bestandteil des japanischen Schriftsystems geworden ist. Ursprünglich dienten ihre fließenden Zeichen zum Schreiben von Gedichten, heute werden sie jedoch zur phonetischen Umschrift chinesischer Zeichen und für Satzelemente verwendet, die mit diesen Zeichen nicht wiedergegeben werden können, wie etwa für den Ausdruck der grammatischen Vergangenheit und den Genitiv.

Im »Reinen Land« des Buddha

Sichtbares Relikt dieser Zeit ist der Byodo-in, auf dessen Gelände sich ursprünglich ein adliger Landsitz befand. Fujiwara no Yorimichi, Regent des Kaisers und ein Mitglied des Fujiwara-Clans, der viele Jahrhunderte lang führende Stellungen am Hof innehatte, stiftete dort einen glanzvollen Tempel. Kernstück der Anlage ist die 1053 erbaute Phönix-Halle, so genannt, weil sie mit ihren auf filigranen Säulen stehende Seitenflügeln und ihren geschwungenen Dächern an das Bild des mythischen Vogels denken lässt. Ihre Bedeutung für die japanische Kultur lässt sich daran ablesen, dass sie die Vorderseite der Zehn-Yen-Münze schmückt.

Gemeinsam mit dem Teich, in dem sie sich spiegelt, ist die Halle ein Sinnbild des »Reinen Landes«, in dem der Buddha Amida herrscht. Vergleichen kann man es mit europäischen Paradiesvorstellungen. Auch die zur Heian-Zeit vorherrschende religiöse Praxis ist christlichen Glaubensvorstellungen nicht so fern, basiert sie doch auf dem Vertrauen

Die Phönixhalle des Byodo-in erinnert mit ihren eleganten Seitenflügeln an die Silhouette des Sagenvogels (rechte Seite unten). In ihrem Innern thront die ernste, vergoldete Gestalt des Buddha Amida (oben). Seit der Einführung des Tees in Japan wird das Gewächs in Uji angebaut (unten und rechte Seite oben).

in die Gnade Amidas. So konnte der Heerführer Minamoto no Yorimasa, der im Byodo-in den ersten bekannten rituellen Selbstmord mit dem Schwert – Seppuku, umgangssprachlich Harakiri – beging, darauf hoffen, nach seinem Tod direkt ins Reine Land des Buddhas zu gelangen. Eine ernste, erhabene Skulptur des Amida, entstanden zur Bauzeit des Tempels, thront in der Phönixhalle. Die 52 Bodhisattva-Figuren, die sie einst begleiteten, sind im Museum des Byodo-in zu bewundern.

Stadt des Tees

Zum Byodo-in gelangt man auf einer Brücke über den breiten Fluss, dessen Schönheit in den alten Schriften gepriesen wird. Ganz so idyllisch sieht es heute nicht mehr aus, denn die Region zwischen Kyoto und Nara ist in den ver-gangenen Jahrzehnten stark verstädtert, doch ein Spaziergang am Ufer lohnt sich noch immer. Hier findet sich auch das von der Stadt geführte Teehaus Taiho-an, wo regelmäßig Teezeremonie-Vorführungen stattfinden – eine gute Gelegenheit, diesen alten japanischen Schulungsweg kennenzulernen. Die Termine dafür gibt es beim Fremdenverkehrsbüro.

Überhaupt ist Tee ein wichtiges Thema in Uji, denn die Hügel rund um die Stadt sind das berühmteste Anbaugebiet Japans. In den Läden der Teeplantagen, an denen man auf dem Weg zur Brücke vorbeikommt, kann man die verschiedenen Sorten kosten. Die Top-Qualität heißt Gyokuro – Tautropfen. Literaturfreunde zieht es in das modern gestaltete Museum, das den *Genji Monogatari* gewidmet ist.

EINBLICKE INS HÖFISCHE LEBEN

Zwei adlige Damen am Kaiserhof von Kyoto gehören zu den ersten Autorinnen der Weltliteratur. Als erster Roman überhaupt oder zumindest als erster psychologischer Roman gelten die *Genji Monogatari* von Murasaki Shikibu, die vom Prinzen Genji, dem illegitimen Sohn eines Tenno, und seinen erotischen Abenteuern erzählen. Ihre ungebrochene Popularität zeigt sich daran, dass es inzwischen eine Manga- und eine Anime-(Zeichentrick-) Version gibt. Einen ebenso faszinierenden, jedoch weniger seitenstarken Einblick in die höfische Kultur der Heian-Zeit eröffnet das *Kopfkissenbuch* der Hofdame Sei Shonagon. *Die Geschichte vom Prinzen Genji* und *Das Kopfkissenbuch der Dame Sei Shonagon* sind beide in deutscher Übersetzung erschienen.

WEITERE INFORMATIONEN ZU UJI

Uji Tourist Information Center: Am Teehaus Taiho-on, Tel. (0774) 23 3334
Websites:
www.kiis.or.jp/kansaida/uji/index-e.html,
www.uji-genji.jp/en

Die Halle des Daibutsu von Nara gilt als größter Holzbau der Welt (oben). Ein zauberhaftes Bild bieten die Bronzelaternen des Kasuga-Schreins, wenn sie zu Festen angezündet werden (unten). Im Januar wird das Gras am Berghang hinter dem Todai-ji in Brand gesetzt, begleitet von einem opulenten Feuerwerk (rechte Seite).

29 Nara – die erste Hauptstadt Japans

Geburt eines Staates

Der Legende nach brachte ein chinesischer Gelehrter namens Wani, der im heutigen Korea lebte, im 4. Jahrhundert erstmals die Schrift seines Landes nach Japan. Nachgewiesen ist jedenfalls, dass die chinesischen Schriftzeichen spätestens im folgenden Jahrhundert übernommen wurden. Alles, was vorher in Japan geschah, liegt im prähistorischen Halbdunkel. Als Kofun-Zeit wird eine vom 3. bis 6. Jahrhundert dauernde Epoche bezeichnet, aus der große Hügelgräber stammen, in denen sich die adlige Führungsschicht der Gegend südlich von Nara bestatten ließ. Diese Region trug den Namen Yamato und gilt als Ursprung des japanischen Staates, weil sich hier nach langen Machtkämpfen der Clan durchsetzte, aus dem das heutige Kaiserhaus hervorging.

Eine ständige Hauptstadt gab es vorläufig jedoch nicht, denn nach shintoistischer Vorstellung galt der Ort, an dem der Tenno starb, als unrein. Deshalb erbaute jeder neue Herrscher einen eigenen Palast, der dann als Regierungssitz diente.

Zu Beginn des 8. Jahrhunderts entsprach das System nicht mehr den Erfordernissen des zunehmend komplexen Staates, der seine Grenzen durch Eroberungsfeldzüge immer weiter ausdehnte. Im Jahr 170 verlegte Kaiserin Gemmei, die vierte Frau in diesem Amt, ihren Regierungssitz nach Nara, das den glückverheißenden Namen Heijo-kyo, »Burg des Friedens«, erhielt.

Vorbild China

Wie später Kyoto wurde die neue Residenz nach dem Vorbild von Chang'an erbaut, der Hauptstadt der westlichen Han-Dynastie in China. Die Anlage bestand aus einem 4,8 mal 4,3 Kilometer großen Rechteck mit Straßen im Schachbrettmuster, das von Nord nach Süd ausgerichtet war. Am nördlichen Ende befand sich genau in der Mitte der weitläufige Kaiserpalast, geschützt von zwei im Westen und Osten platzierten Tempelanlagen. Innerhalb kurzer Zeit wuchs die Bevölkerung auf 200 000, womit Heijo-kyo eine der damals größten Städte der Welt war. Damit trat das japanische Reich bewusst in Konkurrenz

Die zahmen Hirsche, die durch den Park von Nara streifen, gelten als Botschafter der im Kasuga-Schrein verehrten Gottheit (oben und Mitte). Einst noch gewaltiger als heute war die Halle, in welcher der Große Buddha von Nara thront (unten und rechte Seite oben). Nicht ungefährlich ist die Feuerzeremonie im Nigatsu-do (rechte Seite unten).

zu China und Korea, zwei Ländern, deren Kultur es bis dahin wie ein Schwamm aufgesogen hatte.

Um eine eigene kulturelle Identität herzustellen, gab man zwei große geschichtliche Werke in Auftrag, das *Nihon Shoki* und das *Kojiki*; viertausend Gedichte zum Lob der Landschaft rund um Nara wurden im *Manyoshu* gesammelt. Eine glanzvolle höfische Kultur blühte auf. Ein zentrales Element dieser Kultur war der aus China und Korea übernommene Buddhismus. Als ab dem Jahr 735 Seuchen ausbrachen und es zu Aufständen rebellischer Clans kam, ordnete der seit 724 regierende Shomu-Tenno an, als Symbol kaiserlicher Macht eine gewaltige Buddhastatue aus Bronze anzufertigen – den Großen Buddha (Daibutsu) von Nara, heute die bedeutendste Sehenswürdigkeit der Stadt. In einem Stück konnten Kolossalstatuen damals noch nicht gegossen werden, weshalb der Daibutsu aus Einzelteilen zusammengesetzt ist.

Um die gewaltige Statue zu beherbergen, wurde auf dem Gelände des Großen Östlichen Tempels (Todai-ji) eine ebenfalls gewaltige Halle errichtet. Der Todai-ji selbst wurde zum Zentrum eines übers ganze Land verteilten Netzwerks von Staatsheiligtümern ernannt. Als die Statue 752 mit einer grandiosen Zeremonie eingeweiht wurde, waren Vertreter aus China und Korea zu Gast. Um die Augen der Statue zu bemalen, hatte man sogar einen Priester aus Indien bestellt.

Ein Mönch als Usurpator

In den folgenden Jahrzehnten wuchs die Macht des Todai-ji und anderer Tempel

der Hauptstadt immer mehr an, was zu Konflikten mit der politischen Elite führte. Unter Kaiserin Koken, der Tochter von Shomu, kam es zur Krise. Ein Priester namens Dokyo gewann das Vertrauen der Kaiserin, nachdem er sie von einer schweren Krankheit geheilt hatte. Man munkelte über ein Verhältnis der beiden. Jedenfalls gelang es Dokyo, sich in die Politik einzumischen und den Titel eines »Priesterlichen Groß-Ministers« zu erwerben. Damit war er praktisch Regierungschef.

Als Dokyo schließlich versuchte, sich selbst zum Tenno ernennen zu lassen, hatte er den Bogen überspannt. Er wurde vom Hofadel, an dessen Spitze die Fujiwara standen, seines Amts enthoben und in die Verbannung geschickt. Damit sich solche Geschehnisse nicht wiederholten, traf man zweierlei Vorkehrungen: die weibliche Thronfolge wurde abgeschafft, und man beschloss, die Hauptstadt erneut zu verlegen, um dem Einfluss der Tempel zu entkommen. Als Kaiser Kammu 794 in seine neue Residenz Heian-kyo, das heutige Kyoto, einzog, war das Ende der glanzvollen Epoche von Nara gekommen. Die Spuren der Paläste sind längst verschwunden, aber die noch vorhandenen Tempel- und Schreinanlagen vermitteln einen lebhaften Eindruck von der einstigen Größe.

Vom Südtor zum Großen Buddha

Den Eingang zum Todai-ji markiert das Große Südtor (Nandai-mon), eine mächtige Holzkonstruktion mit zwei 8,50 Meter hohen, grimmig dreinblickenden Wächterstatuen. Mit Superlativen geht es weiter, denn die Halle, die

den Daibutsu birgt, gilt als größte Holzkonstruktion der Welt. Der heutige Bau stammt aus dem Jahr 1709 und war durch einen Brand nötig geworden. Wenn der darin thronende Buddha etwas eingeengt wirkt, so liegt das daran, dass die ursprüngliche Halle die anderthalbfache Größe hatte – eine für das 8. Jahrhundert unglaubliche große Leistung.

Die Statue selbst, 15 Meter hoch und etwa fünfhundert Tonnen schwer, überragt ihr berühmteres Gegenstück in Kamakura um fast zwei Meter. Sie stellt den kosmischen Buddha Vairocana dar. Als religiöses Symbol politischer Macht wirkt sein Gesicht abgeklärt und unnahbar, während der bewusst volkstümlich gestaltete Daibutsu von Kamakura eine freundliche Ausstrahlung hat und sich dem Betrachter zuzuwenden scheint.

Die Hirsche des Kasuga-Schreins

Die Gebäude des Todai-ji stehen inmitten einer parkähnlichen Anlage mit alten Bäumen und Teichen. Hier lebt eine große Schar zahmer Hirsche – der Überlieferung nach Botschafter der Gottheit, die im Kasuga Taisha verehrt wird. Gestiftet wurde dieser Schrein vom Clan der Fujiwara, die damit ihre führende Position am Kaiserhof verdeutlichten. Tausende Steinlaternen, teils in neuerer Zeit gestiftet, säumen den Weg zum Heiligtum, während die überdachten Gänge rund um die Bauten mit Bronzelaternen geschmückt sind, einem äußerst beliebten Fotoobjekt.

Von hier aus führt ein Weg in eine bewaldete kleine Schlucht und dann am Hang entlang, wo man auf die Nigatsudo trifft. In dieser Halle wird in der Nacht des 12. März eine dramatische Feuerzeremonie abgehalten, bei der die Priester mit zwei Meter langen Fackeln hantieren – ein angesichts des alten Holzgebäudes nicht ganz ungefährliches Unterfangen.

Von der Veranda fällt der Blick auf die Halle des Großen Buddha und auf die Ebene, in der sich die alte Hauptstadt ausgebreitet hat.

GEDIEGENE UNTERKUNFT

Das Flair eines Grandhotels hat das 1909 gegründete Nara Hotel. Seine Lage am Nara-Park und damit in fußläufiger Nähe zu den wichtigsten historischen Stätten ist nicht zu schlagen. Vor allem verströmt es jedoch echte Atmosphäre. Äußerlich ein weiß-schwarzer Fachwerkbau japanischen Stils mit dunklen Ziegeldächern, ist es innen ganz in Holz gestaltet. Dabei hat man geschickt Elemente der Tempelarchitektur integriert. Besonders gemütlich ist der Tea-Room mit seinen großen Fenstern. Kein ganz billiges Vergnügen, aber wer eine Unterkunft mit Charakter sucht, wird nicht enttäuscht sein.

Nara Hotel, 1096 Takabatake-cho, Nara, Tel. (0742) 26 3300, www.narahotel.co.jp

WEITERE INFORMATIONEN ZU NARA

Nara City Information Center: Am JR-Bahnhof, Tel. (0742) 27 2223
Websites: www.narashikanko.jp/en, www.pref.nara.jp/english

30 Horyu-ji – Wiege des japanischen Buddhismus

Tempelkomplex aus archaischer Zeit

Ein buddhistisches Nationalheiligtum ist der Horyu-ji, westlich von Nara gelegen und ein ganzes Stück älter als die erste ständige Hauptstadt des Landes. Auf seinem Gelände stehen die ältesten Holzgebäude der Welt – mit ein Grund dafür, dass er 1993 zu den ersten Denkmälern Japans gehörte, die in die Liste des Weltkulturerbes der UNESCO aufgenommen wurden.

Die weitläufige Klosteranlage des Horyu-ji war eines der ersten Zentren, von denen sich der aus China übernommene Buddhismus in ganz Japan ausbreitete. Die einfachen und doch eleganten Sakralbauten aus naturbelassenem Holz, weißem Gips und dunklen Ziegeldächern verkörpern die archaische Strenge einer längst vergangenen Epoche.

Die Entstehung des Horyu-ji ist untrennbar verbunden mit einer legendären Gestalt der japanischen Geschichte: Shotoku Taishi (574 bis 622), der auf dem 10 000-Yen-Geldschein abgebildet ist. Taishi bedeutet Kronprinz, doch Shotoku, Sohn des Yomei-Tenno, bestieg nie selbst den Thron, sondern fungierte als Regent für Kaiserin Suiko, die erste Frau in diesem Amt. Der Überlieferung zufolge erließ er eine Reihe von Verfügungen, die zur Grundlage der Staatsverfassung wurden, und er förderte den Austausch mit China. Seine bedeutendste Tat bestand darin, dass er den Buddhismus zur Staatsreligion erklärte.

Kulturtransfer aus China

Schon im 3. Jahrhundert n. Chr. ist in chinesischen Schriften die Rede von einem Land im Meer, das zuerst als »Wa« und später als »Yamato« bezeichnet wurde. Gemeint war die Keimzelle des japanischen Staates in der Region südlich von Nara und östlich vom heutigen Osaka. In den folgenden Jahrhunderten sandten die Herrscher von Yamato immer wieder Gesandtschaften nach China und Korea, zwei damals wesentlich höher entwickelte Länder. Ein Kulturtransfer fand statt, dessen Ergebnisse bis heute zu beobachten sind, wobei in Japan vieles konserviert wurde, was in China längst verschwunden ist. Zum Beispiel trägt der Tenno bei der Inthronisation Gewänder, die dem altchinesischen Hofzeremoniell entlehnt sind. Auch der Kimono geht auf chinesische Vorbilder zurück, ebenso die Architektur japanischer Tempel und Schreine, von urtümlichen Relikten wie den Schreinen von Ise einmal abgesehen.

Am wichtigsten aber war die Übernahme der chinesischen Schriftzeichen und der buddhistischen Lehre, die sich neben den simplen Riten des Shinto als zweite, wesentlich komplexere Form der

spirituellen Praxis etablierte. Zu einem der bedeutendsten Zentren des neuen Glaubens wurde der Horyu-ji, den Shotoku Taishi im Jahr 607 errichten ließ. Von hier aus breitete sich der zuerst nur vom Hofadel gepflegte Buddhismus allmählich aus, bis neuere, wiederum aus China übernommene Richtungen sich in der gesamten Bevölkerung durchsetzten.

Die Halle der Visionen

Das weitläufige Areal des Horyu-ji ist in zwei Teile gegliedert: den Westlichen und den Östlichen Bezirk. Dass hier die ältesten hölzernen Gebäude der Welt stehen, darf nicht ganz wörtlich genommen werden, denn bei den im Verlaufe von 1400 Jahren erfolgten Reparaturen hat man inzwischen auch das letzte Originalstück ausgetauscht. Gemeint ist, dass die Bauten großteils in der Form, in

der sie heute zu sehen sind, tatsächlich seit dem 7. bis 8. Jahrhundert existieren. Statt oberflächlichen Glanzes strahlen sie in ihrer noblen Einfachheit archaische Ruhe aus.

Auffälligstes Element ist die erste fünfstöckige Pagode Japans, deren Silhouette das gesamte Gelände dominiert. Zum Gedenken an Shotoku Taishi wurde ein achteckiger Pavillon erbaut, der als »Traumhalle« oder besser »Halle der Visionen« bekannt ist. Die breiten Kiesflächen und mit Stein gepflasterten Wege zwischen den Bauten schaffen eine intensive Atmosphäre. Im Einklang damit stehen die Skulpturen, die den größten Schatz des Tempels darstellen. An koreanischen Vorbildern orientiert, sind sie mit ihrer Innigkeit und Eleganz der Beginn einer großen Bildhauertradition.

RADTOUR DURCH JAPANS VORGESCHICHTE

Das Dorf Asuka im Süden der Präfektur Nara trägt einen berühmten Namen, denn so heißt die Epoche der japanischen Geschichte vor der Nara-Zeit. In der Umgebung standen nacheinander mehrere Kaiserpaläste, von denen allerdings nichts mehr übrig ist. Zu sehen sind noch mehrere Kofun, große Hügelgräber, in denen der Adel sich bestatten ließ, dazu teilweise gewaltige Felsblöcke mit archaischen Schnitzereien. Sensationell ist das alles nicht, aber eine Radtour auf einer von mehreren ausgeschilderten Routen ist eine ideale Gelegenheit, das ländliche Japan kennenzulernen. Ausleihmöglichkeiten gibt es am Ort genug.

Informationen: www.asukamura.jp/english

WEITERE INFORMATIONEN ZUM HORYU-JI

Horyu-ji i Center: Am Weg zwischen Bahnhof und Tempelgelände, Tel. (0745) 74 6800
Websites: www.pref.nara.jp/english, www.naraexplorer.jp

31 Die Neonlichter von Osaka

Millionenstadt mit Lebensart

Eine ungemein lebendige Großstadt ist Osaka – ein altes Handelszentrum, das zum Mittelpunkt einer ganzen Region geworden ist. Sein neuer Flughafen stellt eine ernsthafte Konkurrenz für den der Hauptstadt Tokyo dar. Wer dort ankommt, könnte gleich zu den Sehenswürdigkeiten Kyotos weiterreisen, doch das wäre ausgesprochen schade – Osaka ist mehr als einen Seitenblick wert.

Schau auf Kansai«, beginnt ein japanisches Sprichwort, »und du siehst, was morgen auf den Markt kommt.« Kansai, das ist die Region von Osaka, Kobe und Kyoto, die sich in einem ständigen Wettstreit mit Kanto und dessen Zentrum Tokyo befindet. Mit etwa 24 Millionen Einwohnern ist sie der zweite riesige Metropolkomplex Japans. Ihr historisches Erbe wird von Kyoto und Nara vertreten, während Osaka und Kobe, gemeinsam Hanshin genannt, einen entschieden modernen Charakter haben und – wie der obige Spruch beweist – immer für Innovationen gut sind. Kansai hat seinen eigenen, deutlich unterscheidbaren Dialekt, der sich durch lakonischen Mutterwitz auszeichnet. So begrüßt man sich gern mit: *Mokarimakka?* – »Na, wie laufen die Geschäfte?«

Ein alter Handelsplatz

Die Bucht von Osaka ist ideal für einen geschützten Hafen, weshalb sich hier früh ein bedeutender Handelsplatz entwickelte. Hier legten die Schiffe an, die

Das quirlige Zentrum von Kansai, dem Ballungsgebiet im Westen von Honshu, ist die Millionenstadt Osaka. Zu ihren Attraktionen zählen das Aquarium Kaiyukan (oben) und das Ausgehviertel Amerika-mura (unten). Nur wenige Bauten wie das alte Rathaus verbreiten historisches Flair, ansonsten gibt die Metropole sich dezidiert modern (rechte Seite).

Güter aus China und Korea ins Land brachten. 1583 errichtete Toyotomi Hideyoshi auf dem Höhepunkt seiner Macht eine gewaltige Burg in Osaka, um sie zum Mittelpunkt des Reichs zu machen. Nach seinem Tod versuchte sein Sohn Hideyori vergeblich, die Nachfolge anzutreten. Um den Konkurrenten endgültig zu beseitigen, zog der zum Shogun ernannte Tokugawa Ieyasu 1614 mit 200 000 Mann nach Osaka, um die Burg zu erstürmen. Ihren eigenen Geist behielten die Einwohner der Stadt jedoch selbst in der streng regulierten Edo-Zeit bei.

Nach den Zerstörungen des Zweiten Weltkriegs wurde während des japanischen Wirtschaftswunders der 1960er-Jahre aus Osaka eine wenig attraktive Industriestadt mit eintönigen Straßenschluchten. In den letzten zwanzig Jahren hat sich das radikal geändert. Was postmoderne Architektur angeht, war hier vorübergehend fast mehr geboten als in Tokyo. Das sieht man zum Beispiel am Geschäfts- und Vergnügungszen-

trum Umeda, dessen Wahrzeichen, das im Jahr 1993 erbaute Umeda Sky Building, die Form eines riesenhaften Tores hat. Von der Aussichtsplattform im obersten Stock hat man den besten Blick auf die Stadt.

Bummel durch Amerika-mura

Die Einwohner von Osaka sind ausgesprochen ausgehfreudig. Bekanntester Shopping-Distrikt ist Shinsaibashi mit einer Reihe schicker Kaufhäuser und Modeboutiquen – und mit Amerika-mura, wo Young Fashion vorherrscht. In der Tenjinbashi-suji, die als längste überdachte Ladenstraße Japans gilt, gibt es alles, was man zum täglichen Leben braucht. Nach Namba kommt man, um ins Theater zu gehen oder um zu tanzen oder um essen zu gehen. Ein Bummel empfiehlt sich vor allem nachts, denn die Neonreklamen, zum Beispiel am

Kanal von Dotonbori, sind schlicht überwältigend.

Ein Stück von der City entfernt am Hafen ist das neue Subzentrum Tempozan mit allerhand architektonischen Extravaganzen entstanden, darunter ein von dem Getränkeriesen Suntory gestiftetes Museum. Das Riesenrad neben der eleganten Brücke gehört mit hundert Metern Durchmesser zu den größten der Welt.

Ob man mit einer Reproduktion von Kolumbus' Flagschiff »Santa Maria« eine Rundfahrt durch die Bucht machen möchte, ist Geschmackssache – eines jedoch sollte man sich auf keinen Fall entgehen lassen: das städtische Aquarium Kaiyukan. In 16 riesigen, die einzelnen Regionen des Pazifiks repräsentierenden Becken sind fast sechshundert Arten zu bestaunen, darunter auch Mantarochen, Thunfische und Delfine.

PUPPENSPIEL FÜR ERWACHSENE

In der Edo-Zeit entstanden ist Bunraku, ein faszinierendes Figurentheater, das manchem vielleicht aus Takeshi Kitanos Spielfilm »Dolls« bekannt ist. Die teils anderthalb Meter großen Puppen werden gleichzeitig von bis zu drei Puppenspielern geführt. Diese, mit schwarzen Gewändern und Kapuzen getarnt, sind zwar auf der Bühne sichtbar, üben ihre Kunst aber so geschickt aus, dass sie gleichsam hinter den Puppen verschwinden. Begleitet werden die Stücke von einem Erzähler und den herben Klängen der Shamisen, einer Art Laute.

National Bunraku Theatre, Nihonbashi, Chuo-ku, Tel. (03) 3230 3000, www.ntj.jac.go.jp/english

WEITERE INFORMATIONEN ZU OSAKA

Osaka Visitor Information Center: Im Bahnhof Shin-Osaka, Tel. (06) 6305 3311; im Nankai Terminal Building (Namba), Tel. (06) 6631 9100.
Websites: www.osaka-info.jp/en, www.visitkansai.com, www.kaiyukan.com/language/german

32 Der heilige Berg Koya-san

Tempelstadt unter hohen Bäumen

Eine eigene Welt ist der Koya-san, eine ganze Tempelstadt auf einem bewaldeten Bergrücken. Seit alters ist er einer der bedeutendsten Wallfahrtsorte des Landes. Beim Spaziergang über den ehrwürdigen Friedhof Okuno-in fühlt man sich in eine andere Zeit zurückversetzt.

Noch heute dient das Kloster Kongobu-ji (oben) als Ausbildungszentrum für den Priesternachwuchs der esoterischen Shingon-Schule. Majestätische Kryptomerien beschatten den weitläufigen Friedhof Okuno-in, in dem Kobo Daishi, der Gründer der Schule, der Legende nach in ewiger Meditation sitzt (rechte Seite).

Der Mönch Kukai (774 bis 835), Gründer des ersten Klosters auf dem Koya-san, ist eine der bedeutendsten Gestalten der japanischen Geschichte und ihr größter Heiliger. Das drückt sich schon darin aus, dass ihm postum der Titel »Daishi«, »großer Lehrer«, verliehen wurde – eine Ehre, die nur sehr wenigen zuteil wurde. Als Kobo Daishi wurde er zur Legende, und nicht wenige der Geschichten, die sich um ihn ranken, sind historisch kaum oder gar nicht zu belegen. Zum Beispiel führt so mancher Thermalbadeort seinen Ursprung darauf zurück, dass der Heilige auf seinen Wanderungen dort Station machte und den Mönchsstab in den Boden stieß, worauf heißes Wasser hervorsprudelte.

Nachgewiesen ist allerdings, dass Kukai im Auftrag des Staates 804 nach China reiste, um in Japan noch unbekannte Formen des Buddhismus zu studieren und deren heilige Texte mitzubringen. Nach seiner Rückkehr wurde er zum spirituellen Berater des Kaiserhofs ernannt. Damit hatte er eine bedeutende Stellung inne, spürte jedoch die Notwendigkeit, für seine Mönche fern der Hauptstadt einen Ort der Meditation zu errichten. 816 gewährte Kaiser Saga ihm den Wunsch, auf dem Koya-san ein Kloster zu erbauen, das zum Zentrum der von ihm gegründeten Shingon-Schule wurde.

Eine esoterische Lehre

Shingon wird wie der zur gleichen Zeit nach Japan gelangte Tendai auch als »geheimer« oder »esoterischer« Buddhismus bezeichnet, was missverständlich sein kann. Dem Verständnis hilft es, sich die Merkmale der drei anderen großen Richtungen bewusst zu machen, die den japanischen Buddhismus ausmachen: der Amidismus, der Zen und die nach ihrem Gründer Nichiren benannte Schule. Entscheidendes Merkmal des Amidismus, vertreten durch die Jodo und die Jodo Shinshu, ist das Vertrauen in das Mitgefühl des Buddha Amida – in Sanskrit Amitabha –, eine dem christlichen Glauben nicht ganz unähnliche Einstellung. Im entschieden nüchternen, lebensnahen Zen geht es um das Streben nach Erkenntnis durch Sitzmeditation (Zazen) und um die Verknüpfung von religiöser Praxis

Inseln im Meer stellen die Felsen und der sorgsam geharkte Kies eines Trockengartens am Kongobu-ji dar (oben). Inmitten der grünen Bergwelt der Kii-Halbinsel südlich von Osaka stehen die Heiligtümer des Koya-san (Mitte, unten und rechte Seite). Viele der über 100 Tempel dienen als Herberge für Pilger und Touristen.

und Alltag. Nichiren, der im 13. Jahrhundert die einzige originär japanische Richtung des Buddhismus begründete, sah im Lotos-Sutra den Kern der Lehre. Zur Praxis seiner Anhänger gehören die Rezitation eines bestimmten Mantras und die Verehrung eines kalligrafischen Mandalas.

Im Gegensatz zu diesen relativ leicht verständlichen Konzepten hat der Shingon eine ausgesprochen komplexe Lehre. Weitergegeben wird sie wie beim verwandten tibetischen Buddhismus durch mündliche Überlieferung vom Lehrer zum Schüler. Die Priesterschaft erhält dadurch eine besondere Bedeutung, denn nur sie ist in der Lage, eine Reihe aufwendiger Rituale durchzuführen. Dazu gehört eine spektakuläre Feuerzeremonie namens Goma, bei der die Hindernisse auf dem Weg zur Erleuchtung verbrannt werden sollen. Wie kompliziert das Ganze ist, kann man in jedem Shingon-Tempel studieren. Der Sitz des Priesters, auf dem dieser seine Zeremonien alltäglich ausführt, ist von Tischen mit einer Fülle von Ritualgegenständen umgeben, darunter der Vajra oder Donnerkeil.

Tempelstadt am Berg

Schon die Anreise zum Koya-san ist ein Erlebnis. Nachdem der Expresszug den dicht besiedelten Ballungsraum um Osaka verlassen hat, zieht die hüglige Landschaft der Kij-Halbinsel an den Fenstern vorbei. An der Endstation besteigt man eine Standseilbahn, mit der man in das achthundert Meter hoch gelegene Tal gelangt, in dem sich die Tempelstadt ausbreitet. Oben ist man sofort in einer ganz anderen Welt, in der

die Zeit stehen geblieben scheint. Zwar gibt es Autos, Busse und Telefone, doch der Rhythmus, der dort herrscht, ist der einer anderen Epoche.

Früher soll es etwa tausend Tempel auf dem Berg gegeben haben, von denen gut 120 erhalten geblieben sind. Wichtigstes Element ist der Garan, eine Gruppe von Heiligtümern an dem Ort, wo Kukais Kloster stand. Sein Zentrum ist die leuchtend rote Pagode Kompon Daito, die entfernt an tibetische Stupas erinnert. Rot und weiß leuchtet sie zwischen den Bäumen hervor. Der Lehre Kukais zufolge stellt sie den Mittelpunkt eines schützenden Mandalas dar, das sich nicht nur über den Berg, sondern über ganz Japan erstreckt. Wie eine Antenne ragt ein vielstufiger Dachaufsatz in den Himmel.

Das Hauptquartier der Shingon-Schule ist der Kongobu-ji, ein weitläufiger Kloster- und Tempelkomplex mit massigen, leicht geschwungenen Dächern und mehreren eindrucksvollen Steingärten. Hier werden die Priester für die übers ganze Land verstreuten Untertempel ausgebildet.

Den alten Regeln entsprechend lernen sie nicht nur die umfangreichen Rituale, die sie später in ihrem Amt brauchen, sondern sie müssen sich auch anstrengenden Meditationsübungen unterziehen. Verwendet werden dabei Mantras, Mudras (Gesten) und Mandalas, außerdem Visualisierungen zum Beispiel der fünf Elemente des Körpers. Jeder neue Schritt erfordert eine Einweihung durch den Lehrer. Manche dieser Praktiken sind übrigens auch Laien zugänglich, die allerdings nicht über eine bestimmte Stufe hinauskommen.

Morgendliche Zeremonie

Der stimmungsvollste Ort auf dem Koya-san ist der riesige, von hohen Sicheltannen beschattete Friedhof Okuno-in. Heute stiften Firmen hier Gedenkstätten für ihre Angestellten, Grabmäler aus früherer Zeit erinnern an große Namen der japanischen Geschichte wie Toyotomi Hideyoshi und Oda Nobunaga. Da es feucht ist hier oben, ist der Stein von einer üppigen Moosschicht überzogen, die eine Atmosphäre der Vergänglichkeit schafft. Das innerste Heiligtum ganz am Ende des Friedhofs ist das Mausoleum für Kukai, wo der Heilige der Legende nach in immerwährender Meditation sitzt.

Für einen Tagesausflug von Kyoto oder Osaka aus ist der Koya-san zu weit weg. Das ist insofern nicht von Nachteil, als gerade die Nacht in einer der vielen Tempelherbergen den Reiz der Reise ausmacht. In Reiseprospekten ist gerne von einer »Übernachtung im Kloster« die Rede – davon kann freilich keine Rede sein, denn die Tempel sind von Priestern und ihren Familien bewohnt. Oft hat eine Familie den Tempel schon seit vielen Generationen inne. Wie im profanen Beherbergungswesen hängt es auch hier vom Geldbeutel ab, ob die Unterkunft eher luxuriös oder eher spartanisch ist. Zweierlei ist jedoch allen Herbergen eigen: Es gibt exzellentes vegetarisches Essen, und frühmorgens veranstaltet der Priester eine Zeremonie im Andachtsraum, den jeder Tempel besitzt. Diese Zeremonie sollte man auf keinen Fall versäumen, denn die Rezitationskunst im Shingon ist legendär.

WOHNEN IM TEMPEL

Die Tempelherbergen auf dem Koya-san sind zwar nicht mit Sternen ausgezeichnet wie profane Hotels – das wäre dann doch zu viel der Kommerzialisierung –, doch am Preis lässt sich erkennen, wie viel Komfort zu erwarten ist. Empfehlenswert ist die Buchung über ein englischsprachiges Portal, weil man dann sicher sein kann, dass mit ausländischen Gästen gerechnet wird. **Welcome Inn Reservation Center:** www.itcj.jp. Buchbar sind bei diesem von der staatlichen Fremdenverkehrszentrale gesponserten Portal der Sekisho-in (teurer, Personal spricht Englisch) und der einfachere Jimyo-in.

Japanese Guesthouses: www.japanese-guesthouses.com
Von den hier aufgeführten Tempeln sind der Eko-in und der Shojoshin-in empfehlenswert. Besonders komfortabel ist der Henjoson-in.

WEITERE INFORMATIONEN ZUM KOYA-SAN

Koyasan Tourist Association:
Tel. (0736) 56 2616
Websites: www.shukubo.jp/eng, www.koyasan.or.jp/english

Ein mildes, angenehmes Klima herrscht im Westen von Honshu und auf Shikoku, der kleinsten der vier Hauptinseln. Unsere Reise führt zum berühmten roten Torii der Schrein-Insel Miyajima (oben), zu Japans ältestem Thermalbadeort Dogo Onsen (Mitte und unten) und zu Kap Ashizuri, dessen schroffe Felsen in den Pazifik ragen (rechte Seite).

Der Westen

Die schönste Festung Japans ist die weiße Burg von Himeji (rechte Seite unten), in deren Räumen Puppen die Atmosphäre alter Zeiten wiederaufleben lassen (unten). Nebenan lohnt ein Spaziergang durch den Garten Koko-en (oben). Beim Kenka-Fest im Oktober werden riesige Trageschreine durch die Straßen geschleppt (rechte Seite oben).

33 Himeji – die »Burg des weißen Reihers«

Japans mächtigster Festungsbau

Über der modernen Großstadt Himeji ragen die weißen, mit schwarzen Dächern abgesetzten Türme einer eleganten Festung auf. Von mächtigen Wällen und einem Wassergraben umgeben, legt sie beredtes Zeugnis vom kriegerischen Geist der Samurai ab. Im Innern erschließen sich die technischen Finessen der komplexen Holzkonstruktion.

Schon seit dem 14. Jahrhundert stand in Himeji eine Burg, als Toyotomi Hideyoshi die Stadt 1580 unter seine Kontrolle brachte. Er ließ einen dreistöckigen Turm erbauen, der nicht lange Bestand hatte, jedoch als Grundlage der heutigen Anlage gilt. Nachdem sein Nachfolger Ieyasu, der Begründer der Tokugawa-Dynastie, sich im Jahre 1600 in der Schlacht von Sekigahara endgültig die Macht gesichert hatte, setzte er seinen treuen Vasallen Ikeda Terumasa als Gebietsfürst (Daimyo) ein. Himeji liegt unmittelbar westlich der Hügel, welche die Ebene von Kansai abschirmen, und Terumasa erhielt den Auftrag, die Burg als Bollwerk gegen mögliche Angriffe rebellischer Fürsten aus dem Westen auszubauen. In den folgenden Jahren ließ er somit die Anlage auf den Zustand erweitern, wie sie sich uns heute darbietet. Nach ihren weithin leuchtenden Gipsmauern nennt man sie auch die »Burg des weißen Reihers«.

Eine komplexe Verteidigungsanlage

Das Zentrum der Festung bildet ein sechsstöckiger Hauptturm, der mit drei Nebentürmen verbunden ist. Von außen sichtbar sind allerdings nur fünf Etagen, was gern der Täuschung der Feinde zugeschrieben wird, aber wohl eher architektonische Gründe hat.

Diese Bauten erheben sich auf einem gewaltigen Fundament aus behauenen Natursteinen, das sich mit einer eleganten Rundung nach unten verbreitert. Ebenso elegant aber wirken die weiß gekalkten Mauern unter den dunklen, leicht geschwungenen Ziegeldächern. In diesen innersten Bereich der Verteidigungsanlage zog man sich bei einer Belagerung zurück; zur Wasserversorgung diente ein Brunnen. Rundum erstreckt sich ein schützender Komplex aus Wällen, Mauern und Wehrgängen, der obendrin noch von einem breiten Wassergraben umgeben ist.

Die Kunst der Zimmerleute

Hat man das erste Tor des Innenbereichs durchschritten, führt der Weg wie der Gang eines Schneckenhauses durch mehrere weitere Tore nach oben. Von allen Seiten drohen Schießscharten in verschiedener Form, die teils für Pfeil und Bogen, teils für Musketen ausgelegt sind. Im Erdgeschoss sind an der Wand noch die Halterungen sichtbar, außerdem eine geniale Konstruktion zur Entsorgung flüssigen Unrats.

Eindrucksvoll sind die massigen, vom Alter gedunkelten Pfeiler und Balken, aus denen das Gerippe der Burg besteht. Sie demonstrieren die hohe Kunstfertigkeit der japanischen Zimmerleute.

Über immer schmalere Treppen steigt man hinauf, kommt an einer kleinen Ausstellung mit Waffen und Bildern vorbei und erreicht schließlich die oberste Etage, von der sich ein weiter Blick auf die Stadt und die umliegenden Hügel bietet. Hier oben befindet sich auch der Schrein für die Gottheit des Ortes – derlei wird noch heute oft bei Hochhäusern gemacht, indem man auf dem Flachdach ein kleines Heiligtum errichtet. Der berühmte Schwertkämpfer Miyamoto Musashi soll hier gegen einen bösartigen Geist gekämpft haben – natürlich erfolgreich. Auf dem Rückweg kommt man an einem detailgetreuen Modell der gesamten Festungsanlage vorbei. Es zeigt, dass die eigentliche Festung von einem weiteren großen Verteidigungsring umgeben war: den Häusern der Samurai, die rundum angesiedelt waren. Himeji wäre keine echte Burg, wenn es dort kein Gespenst gäbe: die treue Magd Okiku, die fälschlich des Diebstahls bezichtigt und in einen Brunnen geworfen wurde, aus dem sich noch heute ihre klagende Stimme vernehmen lässt – allerdings erst abends, wenn der Besucherstrom verebbt ist. Auch modernen Märchen haben die Mauern als Hintergrund gedient, so dem James-Bond-Film »Man lebt nur zweimal«.

GARTENSPAZIERGANG

Gerade zwei Jahrzehnte alt, aber schon wunderbar üppig ist der Koko-en, ein großer Landschaftsgarten direkt vor den Wällen der Burg. Seine Anlage orientiert sich an einer Villa des Daimyos und mehreren Samurai-Residenzen, die früher hier standen. Dadurch sind neun einzelne, von Mauern umschlossene Gärten mit jeweils unterschiedlichen Akzenten entstanden. In einer Cafeteria und einem Teehaus kann man sich erfrischen.

Bis etwa März 2014 wird die Burg restauriert. Zu diesem Zweck wird sie vollständig mit einem überdachten Gerüst versehen, das den Blick verwehrt. Auch wenn das Innere weiter besichtigt werden kann, ist ein Besuch in dieser Zeit nicht zu empfehlen.

WEITERE INFORMATIONEN ZU HIMEJI

Himeji Tourist Information Center: Am Westausgang des Bahnhofs, Tel. (079) 287 0003

Websites: www.himeji-kanko.jp/en, www.himeji-castle.gr.jp

Am Fluss steht die schwarze Burg von Okayama, eine naturgetreue Rekonstruktion (oben). Die schlichte und doch ausdrucksstarke Keramik von Bizen wird von Sammlern auf der ganzen Welt geschätzt (unten). Weite Rasenflächen, Teiche, Bäche und allerhand landwirtschaftliche Elemente prägen den Koraku-en (rechte Seite).

34 Okayama – für Liebhaber von Gärten und Keramik

Im Landschaftsgarten am Fluss

Ein herrlicher Landschaftsgarten der Edo-Zeit ist der Koraku-en mit seinen ausgedehnten Rasenflächen, Wasserläufen und Hainen. Inmitten der Provinzhauptstadt Okayama liegt er auf einer Insel im Fluss. Eine kurze Zugfahrt führt nach Bizen, wo eine alte und doch äußerst modern wirkende Keramiktradition lebendig ist.

Als die »drei berühmten Gärten Japans« werden von alters her drei Landschaftsgärten bezeichnet, die alle Eigenschaften dieser Form in Vollkommenheit aufweisen. Neben dem Koraku-en von Okayama sind dies der Kenroku-en in Kanazawa und der Kairaku-en in Mito, heute eine Industriestadt im Norden von Tokyo. Wie dieser Gartentyp zu gestalten ist, hat der chinesische Dichter Li Gefei schon 1095 in seiner *Chronik der berühmten Gärten von Luoyang* niedergelegt. Es sind sechs paarweise angeordnete Attribute: Weitläufigkeit und Abgeschiedenheit, Kunstfertigkeit und Altehrwürdigkeit, fließendes Wasser und reizvolle Blicke.

Alle drei Gärten stammen aus der Edo-Zeit (1603 bis 1868), bauen jedoch auf eine Tradition auf, die bis in die Nara-Zeit des 8. Jahrhunderts zurückreicht. Damals wurden die Gärten nach religiösen Gesichtspunkten angelegt, was noch im Paradiesgarten späterer Zeiten nachschwingt. Mit seinen Wasserflächen, Fel-

sen und Inselchen symbolisiert er vordergründig das »Reine Land« des Buddha Amida, diente jedoch in erster Linie der Erholung seiner adligen Besitzer. Während des von kriegerischen Samurai-Idealen geprägten Kamakura-Shogunats entstand – oft auf bewusst beschränktem Raum – der meditativer Betrachtung dienende Zen-Garten. Er ist dem nüchternsten aller japanischen Garten-Typen verwandt, dem Trockengarten (Kare-san-sui), der nur aus großen Steinen, Sand und Moos besteht.

Poetische Vielfalt

Ein radikaler Unterschied zwischen Paradies- und Trockengarten besteht darin, dass man Letzteren nur von außen betrachten kann, meist von der Veranda aus, die jedes herkömmliche japanische Haus besitzt. Der Paradiesgarten hingegen ist ein Wandelgarten. Das gilt auch für den Koraku-en, der als Landschaftsgarten eine Kombination aus Park und Garten darstellt. Ähnlich dem Englischen

Garten, jedoch wesentlich kleinteiliger und detailfreudiger, fügt er eine kunstvoll gebändigte Natur in ein umgrenztes Areal. Die Umgrenzung in Okayama ist besonders stimmungsvoll, denn der Koraku-en ist auf einer Insel im Fluss angelegt. Bewusst einbezogen ist der Blick auf die rabenschwarze Burg und die umliegenden Hügel.

Die poetische Vielfalt des Koraku-en ist schlicht überwältigend. Weite Rasenflächen wechseln sich ab mit Teichen und Wasserläufen, in denen sich Sträucher und Bäume spiegeln. Ein Aussichtshügel ist ebenso integriert wie eine Teepflanzung und Reisfelder, die eine Verbindung zur Landwirtschaft herstellen. Teehäuser laden zur Rast, und es gibt das ganze Jahr über ein prachtvolles Farbenspiel zu bestaunen, seien es blühende Kirschen oder das flammende Rot des Ahorns.

Rustikale Keramik

Östlich von Okayama liegt das Städtchen Bizen, Heimat eines der interessantesten Keramikstile Japans, der großen Einfluss auf bekannte europäische und amerikanische Töpfer der Moderne hatte. Bizen-yaki wird aus rötlichem Ton geschaffen, wobei bewusst einfache, rustikale Formen verwendet werden. Beim Brennen in aus mehreren Kammern bestehenden Öfen schaffen der Ascheflug und das um die Gefäße gewickelte Stroh unregelmäßige Muster, deren zufällig entstandene Schönheit den Wert der einzelnen Stücke bestimmt. Das Museum am Bahnhof hat einen Plan mit den vielen Werkstätten.

SPAZIERFAHRT DURCH DIE KIBI-EBENE

Kibi war der Name eines Königreichs, das lange vor der Nara-Zeit in der Region des heutigen Okayama blühte. In der nach ihm benannten Ebene westlich der Stadt hat man einen idyllischen Weg durch die Landschaft angelegt, der zu Fuß oder wesentlich bequemer mit dem Fahrrad bewältigt werden kann. Man kommt an von Reisfeldern umgebenen Hügelgräbern (Kofun) vorbei, an Schreinen und an einem herrlichen alten Tempel. Wer sich für das Radeln entscheidet, kann sein Gefährt am Bahnhof Bizen-Ichinomiya ausleihen und am Bahnhof Soja wieder abgeben. Von dort geht es mit dem Bummelzug direkt nach Okayama zurück.

WEITERE INFORMATIONEN ZU OKAYAMA

Okayama City Tourist Information Office: Im Bahnhof, Tel. (086) 222 2912
Websites: www.okayama-korakuen.jp, www.optic.or.jp/welcome, www.city.bizen.okayama.jp

Nach seinen mit schwarzen Fliesen geschmückten Lagerhäusern benannt ist Kurashiki (oben). Die Anwesen der Kaufleute stehen an einem von Trauerweiden gesäumten Kanal (rechte Seite unten). Den Tempelbauten der griechisch-römischen Antike ist die Fassade des Ohara-Museums nachempfunden (rechte Seite oben).

35 Kurashiki – Kaufmannshäuser am Kanal

Ein historisches Viertel mit Charme

An und für sich ist Kurashiki eine moderne Industriestadt, doch birgt sie etwas für Japan ganz Besonderes – ein weitgehend intaktes historisches Viertel, angeordnet um einen von Trauerweiden gesäumten Kanal. Es zeugt von der Lebensart der Kaufleute, die in der Edo-Zeit zu beträchtlichem Reichtum kamen.

Innerhalb des hierarchischen Systems der Edo-Zeit war die Bevölkerung in vier Stände unterteilt: Kaufleute, Handwerker, Bauern und Schwertadel (Shogun, Lehnsfürsten und deren Samurai). Diese merkwürdig anmutende Rangordnung war eher ideologischer als realistischer Natur, denn die Bauern stellten zwar den weitaus größten Teil der Bevölkerung, hatten aber den geringsten Besitz und wurden am stärksten reglementiert. Die Kaufleute wiederum, die nominell an unterster Stelle standen, entwickelten sich im Laufe der Zeit zur wirtschaftlich wichtigsten Gruppe. Was die Zurschaustellung ihres Reichtums anging, unterlagen sie wie alle Stände strengen Regeln, verstanden es jedoch, diese kreativ auszulegen.

Lagerhäuser mit Charme

Wozu es der Kaufmannsstand damals gebracht hat, sieht man in »Bikan«, dem historischen Viertel von Kurashiki. Glücklicherweise ist es nicht nur von den Bombardierungen des Zweiten Weltkriegs, sondern auch von der darauffolgenden gnadenlosen Modernisierung verschont geblieben. Auffälligstes Merkmal sind die »Kura«, die der Stadt ihren Namen gegeben haben: aus Feuerschutzgründen vom Haupthaus getrennt erbaute Lagerhäuser, die äußerlich vollständig vergipst sind, sodass sie vom Funkenflug nicht erfasst werden konnten. Heute sind darin teilweise originelle Lokale und Boutiquen mit qualitätvollem Kunsthandwerk untergebracht.

Rundgang im Spielzeugmuseum

Die meisten Anwesen kann man nur von außen betrachten, weshalb man unbedingt einen Rundgang durch das privat geführte Spielzeugmuseum machen sollte. So kommt man auch in den hübschen Innenhof und ins dazugehörige Lagerhaus, wo ein Teil der amüsanten Sammlung untergebracht ist. Im angeschlossenen Shop gibt es traditionelles Spielzeug aller Art zu kaufen.

122

Zeugen der Meiji-Zeit

Mit der Meiji-Restauration des Jahres 1868 brach das morsche Feudalsystem rasch in sich zusammen – besser gesagt, es wurde von progressiv gesinnten Kräften liquidiert. Nach Jahrhunderten des technologischen wie gesellschaftlichen Dornröschenschlafs trat nun auch Japan ins Zeitalter der Industriellen Revolution ein. Kurashiki entwickelte sich zu einem wichtigen Standort der Textilindustrie. Bedeutendster Unternehmer des Ortes war Koshiro Ohara; die noch erhaltenen Gebäude seiner Baumwollspinnerei sind ein wichtiges Industriedenkmal. Unter dem Namen »Ivy Square« hat man sie ein wenig zu touristisch hergerichtet, aber interessant ist ein Rundgang durch die Ziegelbauten doch. Ein kleines Museum informiert über die Geschichte der Spinnerei.

Eine typische Unternehmergestalt der Epoche war Oharas Sohn Magosaburo. Wie nicht wenige Japaner aus dem gehobenen Bürgertum trieb er die Anpassung an die Moderne auf die Spitze, indem er zum Christentum übertrat. Neben sozialen Aktivitäten begann er europäische Kunst vor allem französischer Provenienz zu sammeln. Um seine Sammlung der Öffentlichkeit zugänglich zu machen, ließ er ein Museum erbauen, dessen im Stil eines griechischen Tempels gestaltete Fassade einen nicht unsympathischen Fremdkörper zwischen den alten Kaufmannshäusern darstellt. Es war das erste Museum für europäische Kunst in Japan. Sehenswert ist es nicht nur wegen einiger exzellenter Werke von Monet, Renoir und Picasso, sondern auch wegen seiner Sammlung moderner japanischer Kunst.

AUSFLUG AUFS LAND

Die Hügel von Okayama gehören zu den reizvollsten Landschaften Japans. Um sie zu erkunden, bietet sich ein Tagesausflug nach Takahashi nördlich von Kurashiki an. Die dortige Burg Bitchu Matsuyama-jo ist zwar nicht gerade imposant, aber idyllisch auf einem Bergrücken gelegen. Ein echtes Kleinod ist der Garten des Tempels Raikyu-ji, gestaltet von dem legendären Teemeister Kobori Enshu, der eine Zeitlang Gouverneur der Gegend war. Wer noch weiter vorstoßen will, nimmt den Bus in den einstigen Bergwerksort Fukiya, wo die Atmosphäre der Edo-Zeit lebendig wird.

WEITERE INFORMATIONEN ZU KURASHIKI

Kurashiki Tourist Information Office: Rechts vom Bahnhof, Tel. (086) 424 1220; im historischen Viertel, Tel. (086) 422 0542
Websites:
www.city.kurashiki.okayama.jp/kankou,
www.world.kankou-kurashiki.jp/eng

36 Matsue und Izumo Taisha

Stadt und Schrein am Meer

Abseits der üblichen Route liegt die Provinzstadt Matsue am Japanischen Meer. Ihre schwarze Burg ist eine der wenigen original erhaltenen Festungen Japans. Ganz in der Nähe steht ein urtümlicher Schrein, dessen mächtige Dächer einem eigenen Stil den Namen gegeben haben.

Alles scheint elfenhaft – denn alles und jedes ist klein, wundersam und mysteriös: die winzigen Häuschen unter ihren blauen Dächern, die kleinen blau ausgeschlagenen Verkaufsläden und die lächelnden kleinen Leute in ihren blauen Gewändern.« Mit solch poetischen Beschreibungen trug der britische Schriftsteller Lafcadio Hearn (1850 bis 1904), der 1890 nach Japan kam und dort heimisch wurde, entscheidend zu den romantischen Vorstellungen bei, die das westliche Bild des Landes geprägt haben. Hugo von Hofmannsthal und Stefan Zweig zählten zu seinen größten Verehrern. Hearn, der die Tochter eines verarmten Samurais heiratete und einen japanischen Namen annahm, lebte ein Jahr in Matsue, wo sein kleines Häuschen besichtigt werden kann.

Residenz der Matsudaira

Natürlich sieht Matsue ganz und gar nicht mehr so aus wie zu Hearns Zeiten, aber hier am Japanischen Meer, weitab von den großen Ballungsräumen, geht es immer noch sehr gemütlich zu.

Hauptsehenswürdigkeit ist die im Jahre 1611 erbaute Burg, die in ihrem ursprünglichen Zustand erhalten ist. Mit ihrer schwarzen Holzverkleidung und ihren weiß vergipsten Mauerelementen unter geschwungenen dunklen Ziegeldächern gibt sie ein prächtiges Bild ab. Im Innern sind Erinnerungen an den einst hier herrschenden Matsudaira-Clan zu sehen, darunter natürlich Samurai-Rüstungen und Schwerter.

Heiligtum einer Urgottheit

Eine Reise wert ist Matsue vor allem wegen des Ausflugs zum Izumo Taisha, einem der bedeutendsten und ältesten Shinto-Schreine des Landes. Er steht westlich der Stadt nicht weit vom Meer. Schon im *Kojiki*, dem in der Nara-Zeit verfassten mythologischen Geschichtswerk, wird er erwähnt. Die Provinz Izumo, deren Namen er trägt, gilt als mythisches Reich, in dem Okuninushi herrschte, der Gott der Landwirtschaft, aber auch der Schöpfung des Landes Japan. Deshalb wird Okuninushi als Hauptgottheit im Schrein verehrt.

In ihrem ursprünglichen Zustand erhalten ist die Burg von Matsue (oben). Tonnenschwere Strohseile und breite Rindendächer, deren Giebel mit auffälligen gekreuzten Balken geschmückt werden, zeichnen den Izumo Taisha aus (unten und rechte Seite unten). Am Kap Hino führen Spazierwege die Küste des Japanischen Meers entlang (rechte Seite oben).

Tonnenschwerer Strohschmuck

Eine der Legenden, die sich um Izumo ranken, berichtet, dass alle Gottheiten des Landes am 11. Oktober ihre gewohnten Schreine verlassen, um nach Izumo zu reisen. Dort versammeln sie sich im Izumo Taisha, wo zwei Hallen für sie bereitstehen. Die uralte Tradition des Heiligtums drückt sich auch darin aus, dass die amtierende Priesterdynastie ihren Ursprung auf einen Sohn der Sonnengöttin Amaterasu zurückführt. Seit jeher praktizieren die hiesigen Priester eine Reihe geheimnisvoller Meditationstechniken, für die auf dem Gelände eine Strohhütte aufgestellt ist.

Nach der Haupthalle des Schreins benannt ist der Baustil »Taisha-zukuri«, der sich durch einen mächtigen Zentralpfeiler und ein mit auffälligen gekreuzten Balken versehenes Rindendach auszeichnet. Während der Stil der Schreine von Ise von Lagerhäusern abgeleitet ist, dienten hier archaische Wohnhäuser als Vorbild. Geflochtene Strohseile zum Schmuck und zur Abgrenzung gibt es in allen Shinto-Heiligtümern, aber nirgendwo sind sie so mächtig wie am Izumo Taisha. Das größte hält mit 13,50 Metern Länge und etwa fünf Tonnen Gewicht den japanischen Rekord.

Vom Schrein ist es nur ein Katzensprung bis zum Meer mit einem Sandstrand, wo man im Sommer baden kann. Wer die abwechslungsreiche Küstenlandschaft erkunden will, fährt mit dem Bus zum Hino-misaki, einem Kap, auf dem ein über hundertjähriger, strahlend weißer Leuchtturm aufragt. Hier kann man am Ufer zum Fischerdorf Uryu spazieren.

ADOPTIVKIND JAPANS

Als »Adoptivkind« Japans hat der österreichische Schriftsteller Hugo von Hofmannsthal seinen Kollegen Lafcadio Hearn bezeichnet, als »den einzigen Europäer vielleicht, der dieses Land ganz gekannt und ganz geliebt hat«. In seinen Büchern berichtet der gelernte Journalist Hearn über seine Wahlheimat Japan und deren Einwohner, das »vielleicht noch immer glücklichste Volk der zivilisierten Welt«. Dabei bleibt er nicht bei solchen zeittypischen Klischees stehen, sondern erzählt eingehend von einer inzwischen verschwundenen Welt. *In einem japanischen Garten*, ein ebenso einfühlsames wie kenntnisreiches Buch über die japanische Gartenkunst, ist heute noch lesenswert.

WEITERE INFORMATIONEN ZU MATSUE

Matsue Tourist Information Office:
Neben dem Bahnhof, Tel. (0852) 21 4034
Websites:
www.city.matsue.shimane.jp/kankou/en,
www.pref.shimane.lg.jp

Als Mahnmal gegen den Wahnsinn des Atomkriegs erhalten wird das Kuppelgerippe eines ehemaligen Ausstellungsgebäudes, dessen Mauern den Abwurf der Bombe überstanden haben (oben). Die Gedenkstätten des Friedensparks, in dem regelmäßig Zeremonien stattfinden, hat großteils Kenzo Tange gestaltet (unten und rechte Seite).

37 Hiroshima – Stadt des Friedens

Erinnerungen an einen Tag, der die Welt veränderte

Für immer mit dem Abwurf der ersten Atombombe und dessen Folgen verbunden ist der Name von Hiroshima. Aufgrund ihrer Geschichte hat die Stadt es sich zur Aufgabe gesetzt, auf ewig für den Frieden einzutreten. Der von Kenzo Tange gestaltete Park im Zentrum der Detonation ist ein ebenso schlichtes wie eindrucksvolles Mahnmal.

Wo die Stadt stand, ist alles, soweit das Auge reicht, eine Wüste von Asche und Trümmern. Es stehen nur noch einige Betonkästen, die im Innern vollständig ausgebrannt sind. Die Ufer des Flusses sind völlig bedeckt mit Leichen und Verwundeten. (…) Furchtbar zugerichtete Gestalten wanken uns entgegen und sinken vor unseren Augen zusammen.« So berichtet der Krefelder Jesuitenpater Johannes Siemes, Augenzeuge der Detonation, was er am Tag danach erlebte. Viele andere Zeugen haben es nie über sich gebracht, von dem Ereignis zu erzählen.

Wucht der Detonation

Am 6. August 1945, einem schwülen Sommertag, sind die Bewohner Hiroshimas auf dem Weg zur Arbeit, als um 8.13 Uhr am Himmel der amerikanische Bomber »Enola Gay« erscheint. Zwei Minuten später hat er den vorgesehenen Zielpunkt erreicht, eine auffällige Brücke im Zentrum der Stadt, deren T-Form von oben gut zu erkennen ist. In 9450 Metern Höhe wird die Bombe ausgeklinkt, in 580 Metern Höhe erfolgt wie geplant die Detonation. In Sekundenschnelle breitet sich eine gewaltige Druckwelle aus, von der die meist aus Holz gebauten Häuser umgeblasen werden wie Stroh. Die Hitze des Feuerballs setzt noch in zehn Kilometern Entfernung Bäume in Brand.

Wie viele Menschen in diesem Augenblick ums Leben kamen, weiß man nicht genau – man spricht von etwa 70 000. Bis zu 200 000 weitere starben in den folgenden Jahren an der Strahlenkrankheit, an Krebs und mangelhafter medizinischer Versorgung. Noch immer leiden Menschen an den Spätfolgen der Verstrahlung.

Wer den Abwurf erlebt hat, wird als »Hibakusha«, Explosionsopfer, bezeichnet und erhält gemäß einem Gesetz von 1957 eine besondere Unterstützung, die jedoch vor allem in den 1950er- und 1960er-Jahren äußerst unbefriedigend war. In der unmittelbaren Nachkriegszeit wurden die Hibakusha diskriminiert, da man die Strahlenkrankheit für ansteckend hielt.

Mahnmal für den Frieden

Die bekannteste Erinnerung an die Wirkung der Bombe ist die als »Atombombenkuppel« bekannte Ruine eines Bürogebäudes, das im Jahre 1915 von dem tschechischen Architekten Jan Letzel entworfen worden war. Ihr Name bezieht sich auf die Stützkonstruktion des Kuppeldachs, dessen Gerippe in den Himmel ragt. Die manchmal verwendete Bezeichnung »Dom« ist einer falschen Übersetzung des englischen Worts »dome« (Kuppel) geschuldet. Obwohl das Gebäude nur 160 Meter vom Bodennullpunkt der Detonation entfernt stand, sind seine Mauern stehen geblieben und werden sorgsam in ihrem ursprünglichen Zustand erhalten. Über die Brücke, die dem Bomberpiloten zur Orientierung diente, geht es auf

eine von zwei Flussarmen umschlossene Insel, deren nördlicher Teil zum Friedenspark umgestaltet wurde. Die wichtigsten Gedächtnisstätten hat Kenzo Tange (1913 bis 2005) entworfen, der international bekannteste japanische Architekt des 20. Jahrhunderts. Den Mittelpunkt bildet das sattelförmige Kenotaph, ein symbolisches Grabmal für die Umgekommenen. Blickt man durch seinen Bogen, sieht man in der Distanz die Atombombenkuppel. Im Friedensmuseum wird eindringlich das Leid der Opfer dargestellt.

Sehr berührend wirkt auch das Kinderdenkmal. Es ist geschmückt mit unzähligen Papierkranichen, die Schulklassen aus dem ganzen Land zum Gedenken an ihre zu Tode gekommenen Altersgenossen gefaltet haben.

LITERARISCHE ANNÄHERUNGEN

Erstaunlicherweise gibt es nicht so viele Bücher über den Atombombenabwurf und seine Folgen, wie man meinen möchte – vielleicht, weil das Grauen nur schwer fassbar ist. Erschütternd sind die Interviews, die der amerikanische Journalist John Hersey kurz nach dem Abwurf mit Opfern führte und die er im Buch *Hiroshima* veröffentlicht hat. Ein einfühlsames Buch für Kinder hat der österreichische Autor Karl Bruckner geschrieben: *Sadako will leben*. Sehr eindrucksvoll ist auch die Comic-Serie *Barfuß durch Hiroshima* des japanischen Manga-Zeichners Keiji Nakazawa, der als Sechsjähriger zum Strahlenopfer wurde.

WEITERE INFORMATIONEN ZU HIROSHIMA

Hiroshima Tourist Information Center: Im Friedenspark, Tel. (082) 247 6738
Websites:
www.pcf.city.hiroshima.jp/top_e.html,
www.hcvb.city.hiroshima.jp/e_navigator,
www.kankou.pref.hiroshima.jp/foreign/English

Aus der Vogelperspektive wird die weitläufige Anlage des Schreins und seines berühmten roten Tores deutlich (rechte Seite). Über die Bühne vor den rot lackierten Säulenhallen (unten) schreitet ein maskierter, in prachtvolle Gewänder gehüllter Tänzer (oben). Man hat oft unvermutet Gelegenheit, diesem archaischen Schauspiel beizuwohnen.

38 Auf der Schrein-Insel Miyajima

Ein Heiligtum am Meeresufer

Im ruhigen Wasser der geschützten Inlandsee liegt die kleine Insel Itsukushima, allgemein unter dem Namen Miyajima (Schrein-Insel) bekannt. Am Heiligtum mit seinem berühmten im Wasser stehenden Torii geht es recht lebhaft zu, auf den gewundenen Spazierwegen am grünen Berghang verläuft sich der Trubel jedoch rasch.

Als Inlandsee wird das Binnenmeer bezeichnet, das sich zwischen den Inseln Kyushu, Honshu und Shikoku erstreckt. Seine Küstenstriche sind die klimatisch am meisten begünstigte Region Japans, in der mediterrane Vegetation vorherrscht. Über tausend mit Pinien bestandene Inseln und Inselchen liegen im azurblauen Wasser. Manche sind nur ein schroffes Eiland, andere – wie Miyajima – bilden eine eigene kleine Welt mit steilen Bergen, tief eingeschnittenen Tälern und sandigen Buchten.

Aufgrund ihrer Lage gehören die Küsten der Inlandsee zu den ältesten und wohlhabendsten Kulturlandschaften Japans. Hier kamen die Schiffe vorbei, auf denen die Gesandtschaften aus Korea und China nach Kyoto reisten. Die Clans der Region waren weitgehend unabhängig von der Zentralregierung und verfügten über ihre eigene Marine. In der Edo-Zeit nahmen die Fürsten aus Westjapan den Wasserweg für die vorgeschriebenen Reisen nach Edo. Ende des 19. Jahrhunderts wurden viele Städte zu Industriestandorten, doch ihren idyllischen Charakter hat die Region – mit einigen Ausnahmen – behalten.

Sitz der Gottheit

Landschaftlich auffällige Orte wurden im alten Japan als Sitz der Götter empfunden, weshalb viele Shinto-Heiligtümer sich an besonders schönen Stellen befinden. Gelegentlich gelten auch ein ganzer Berg – wie der Fuji – oder eine Insel als heilig. Da die rituelle Reinheit ein zentrales Konzept des Shinto ist, herrschten hier ganz bestimmte Regeln. Manche würde man heute als frauenfeindlich bezeichnen – zum Beispiel durften Frauen bis zur Meiji-Zeit weder den Fuji noch Miyajima betreten. Da der Tod als unrein empfunden wurde, war er auf Miyajima »verboten« – eine Regel, die sicher nicht in jedem Fall durchgesetzt werden konnte. Noch heute darf auf der Insel niemand bestattet werden.

Ein sakraler Ort war Miyajima schon in vorgeschichtlicher Zeit. Verehrt wird hier der Lage des Ortes gemäß Susano-o, Gott der Meere und Stürme sowie Bruder der Sonnengöttin Amaterasu. Der

Nur bei Flut stehen die eleganten Bauten des Schreins und das mächtige Torii im Wasser (oben und unten). Auf einer separaten Bühne wird gelegentlich No-Theater dargeboten (Mitte). Kalligrafisch bemalte Reislöffel sind ein beliebtes Souvenir (rechte Seite oben). Im Herbst ist das Ahorntal von leuchtenden Farben erfüllt (rechte Seite unten).

erste Schrein wurde wahrscheinlich im 6. Jahrhundert errichtet; die heutigen Gebäude stammen aus dem 16. Jahrhundert, beziehen sich jedoch auf ältere Vorbilder. Seinen Glanz verdankt das Heiligtum Taira no Kiyomori, einem Heerführer des 12. Jahrhunderts, der die erste Samurai-Regierung der japanischen Geschichte anführte. Er ließ den Schrein von Grund auf neu erbauen.

Heute landen die Fähren, mit denen man zur Insel gelangt, in einiger Entfernung vom Schrein, früher näherte man sich ihm direkt vom Meer aus. Deshalb steht das mächtige rote Torii, eine der bekanntesten Postkartenansichten Japans, mitten im Wasser, zumindest bei Flut – bei Ebbe kann man sich ihm vom Ufer aus zu Fuß nähern. Seinem Standort geschuldet ist die besondere Form: Den beiden Hauptpfosten sind je zwei stützende Nebenpfosten seitlich beigegeben. Durch dieses Tor näherten sich die Boote in alter Zeit dem Heiligtum. Die Gebäude des Schreins stehen halb am Ufer, halb auf Pfählen, die wie das Torii bei Flut von Wasser umspült werden. Aus der Ferne sieht das dann so aus, als würden die Plattformen und Korridore auf dem Meer schwimmen. Deshalb sollte man sich vor dem Ausflug nach Miyajima, der meist von Hiroshima aus unternommen wird, im Hotel erkundigen, wann Hochwasser ist, um entweder vormittags oder nachmittags aufzubrechen.

Zaungast beim rituellen Tanz

Für das gehobene Bürgertum Japans – zumindest für dessen konservativ gesinnten Teil – ist die Hochzeit in einem besonders berühmten Shinto-Heiligtum eine Prestigesache. Deshalb hat man an Orten wie dem Meiji-Schrein in Tokyo, dem Heian-Schrein in Kyoto und eben dem Schrein von Miyajima Gelegenheit, das in spezielle Gewänder gekleidete Brautpaar und seine Gäste beim Fototermin zu beobachten. Die Zeremonie selbst findet freilich unter Ausschluss der Öffentlichkeit statt. Der Bräutigam trägt einen dunklen Kimono über dem Hakama, einer Rockhose, die Braut ein blütenweißes Gewand mit einer ebenfalls weißen Haube. Brautmutter und Brautjungfern tragen meist Kimono, der Brautvater manchmal noch den altertümlichen Cutaway mit gestreifter Hose, in dem man auch den Kaiser bei offiziellen Anlässen sieht.

Auf Miyajima müssen sich ungeladene Zaungäste nicht mit dem Anblick des Brautpaars begnügen – wer etwas auf sich hält, bestellt eine Vorführung des uralten Hoftanzes Bugaku zu den Klängen einer auf das 7. bis 9. Jahrhundert zurückgehenden Musik. Das ist ein ganz besonderes Erlebnis. Der Tänzer ist in weite, farbenprächtig schillernde Seidengewänder gekleidet und trägt eine vergoldete Maske, die an einen Tierkopf erinnert. Mit raumgreifenden Schritten bewegt er sich über die Bühne, die auf einer übers Wasser ragenden Plattform aufgebaut ist.

Aussichtspunkte

Der Schrein ist bei Weitem nicht die einzige Sehenswürdigkeit der Insel, da sich die meisten Touristen aber auf dessen Besuch und auf die parallel zum Ufer verlaufende Einkaufsstraße beschränken, ist es anderswo wunderbar ruhig. Ein wenig erhöht steht eine aus gewaltigen

Holzpfeilern errichtete Halle, die von Toyotomi Hideyoshi gestiftet wurde. Nach dem Tod des mächtigen Feldherrn blieb sie unvollendet, weshalb sich hier die außergewöhnliche Gelegenheit ergibt, die komplexe Konstruktion zu studieren. Gleich daneben ragt eine leuchtend rot lackierte Pagode in den Himmel.

Am Hang, auf dem im Frühling die Kirschbäume blühen, steht der Daisho-in, ein Tempel der esoterischen Shingon-Schule. Neben schönen alten Gebäuden ist auf dem Gelände ein buntes Panoptikum buddhistischer Kultobjekte versammelt, darunter ein von tibetischen Mönchen geschaffenes Sand-Mandala. Eine steile Treppe führt in einen engen, vollkommen dunklen Gang hinab, an dessen Wänden man sich entlangtasten muss, um vorbei an in Nischen leuchtenden Buddhabildern zum anderen Ende zu gelangen – eine spirituelle Praxis, die ein wenig an den Besuch einer Geisterbahn erinnert. Besonders an klaren Tagen lohnt sich auch ein Ausflug auf den 530 Meter hohen Berg Misen, auf dessen Gipfel man zu Fuß oder mit der Seilbahn gelangt. Oben wohnt eine Horde Affen. Die Aussicht auf das Meer, auf die zerklüftete Küste und die idyllische Inselwelt macht dem Besucher verständlich, warum die Schrein-Insel Miyajima seit alters her als eine der drei schönsten Landschaften Japans gilt.

WOHNEN IM TRADITIONELLEN STIL

Abends, wenn die letzte Fähre zum Festland abgelegt hat, wird es wunderbar ruhig auf Miyajima. Das ist einer von vielen guten Gründen, gerade hier eine Nacht in einem Ryokan, einem traditionellen Gasthaus, zu verbringen. Geschlafen wird auf Futons, die Zimmer sind mit Naturholz verkleidet, und das Essen ist köstlich. Abendessen und Frühstück sind meist eingeschlossen – für den europäischen Geschmack ist die preisgünstigste Variante normalerweise auch die beste. Eine gute Auswahl bietet die Website www.japaneseguesthouses.com, über die man auch buchen kann.
Besonders empfehlenswert sind Iwaso (eigene Website: www.iwaso.com), Momijiso und Jukeiso.

WEITERE INFORMATIONEN ZU MIYAJIMA

Miyajima Tourist Information Office: An der Bootsanlegestelle, Tel. (0829) 44 2011
Websites: www.miyajima.or.jp/English, www.miyajima-wch.jp

39 Matsuyama und Dogo Onsen

Japans berühmtestes Badehaus

An der Nordküste von Shikoku liegt Matsuyama, mit dem Schnellboot oder der gemütlicheren Fähre gut von Hiroshima aus zu erreichen. Im Stadtteil Dogo Onsen wartet ein legendäres Badehaus auf Freunde heißer Quellen.

Shikoku – wörtlich »vier Provinzen« nach der Gliederung in historischer Zeit – ist etwa ein Viertel kleiner als Sardinien und in jeder Hinsicht die kleinste der vier sogenannten Hauptinseln Japans. Im Allgemeinen geht es hier entschieden ruhiger zu als anderswo, eine Ausnahme ist der Küstenstreifen im Norden an der Inlandsee – das gegenüberliegende Ufer ist die Südküste Honshus. Bis vor Kurzem war Shikoku nur per Fähre erreichbar, inzwischen hat man es an zwei Stellen mit Honshu verbunden: südlich von Okayama und von Kobe. Die ambitionierten Viadukt-Konstruktionen gehören zu den längsten und aufwendigsten Brückenbauprojekten der Welt.

Literarische Reminiszenzen

Was die Anreise nach Matsuyama angeht, sollte man statt der Eisenbahn der Fährverbindung vom Hafen Hiroshima den Vorzug geben. Zur Auswahl stehen ein schnittiges Schnellboot und eine normale Fähre, die für die Fahrt durch die idyllische Inselwelt der Inlandsee entschieden besser geeignet ist. In Japan bekannt ist Matsuyama als Heimat des Haiku-Dichters Masaoka Shiki und als Schauplatz des Romans *Botchan* von Natsume Soseki, des bedeutendsten Autors der Meiji-Zeit. Er war in der Gegend als Schullehrer tätig. Zur Erinnerung an diese Epoche rollt eine von einer historischen Diesellok gezogene Straßenbahn durch die Stadt. Hauptsehenswürdigkeit im Zentrum ist die weitläufige Burg, eine der letzten im ursprünglichen Zustand erhaltenen Festungen des Landes. Ansonsten ist Matsuyama eine moderne Großstadt, die nicht weiter bemerkenswert wäre, zählte zu ihren Vororten nicht Dogo Onsen, der wenn auch nicht größte, so doch legendärste Thermalbadeort Japans.

Ein Schmetterling auf der Nase

Das Wort »Onsen«, das die meisten Thermalbadeorte Japans im Namen tragen, bedeutet schlicht »heiße Quelle«. Davon gibt es in Japan aufgrund seiner vulkanischen Natur mehr als genug. Mit einem europäischen Kurort darf man solche Bäder allerdings nicht vergleichen. Zwar wird durchaus untersucht, welche chemische Zusammensetzung das Wasser der jeweiligen Quelle hat

Der Ishite-ji, ein Tempel aus der Kamakura-Zeit, und die Burg zählen zu den historischen Sehenswürdigkeiten von Matsuyama (oben). Vor allem aber kommt man in die sympathische Provinzstadt, um sich im berühmten Badehaus von Dogo Onsen, dem ältesten Thermalbad Japans, im heißen Wasser zu aalen (rechte Seite).

und welche Heilwirkungen davon zu erwarten sind, doch die meisten Besucher interessiert das herzlich wenig. Es geht ihnen ausschließlich darum, ausgiebig im dampfenden Wasser, das deutlich heißer ist als bei uns, zu entspannen. 38 bis 40 Grad Celsius sind es mindestens, manchmal 42 Grad, und es kann auch bis 44 Grad gehen, aber dann ist Schluss.

Dogo Onsen gilt als ältester Badeort Japans. Es wird bereits in der um 759 entstandenen Gedichtsammlung *Man'yoshu* erwähnt. Selbst der legendäre Kronprinz Shotoku (574 bis 622) soll hier gebadet haben – und natürlich die erwähnten Autoren Natsume Soseki und Masaoka Shiki. Als Kobayashi Issa, ein

älterer Haiku-Kollege Shikis, den Ort besuchte, schrieb er folgendes Gedicht: »Als ich gemütlich auf dem Rücken liege, / landet ein Schmetterling auf mir / im warmen Wasserbad!«

Schlicht *Honkan*, Hauptgebäude, heißt das riesige öffentliche Badehaus, das 1894 erbaut wurde. Seine extravagante Dachkonstruktion zeugt von der Bedeutung des Etablissements. In den großen Gemeinschaftsbecken geht es am späten Nachmittag und frühen Abend, der beliebtesten Badezeit, ziemlich lebhaft zu. Wer sich ein wenig Luxus gönnen will, wählt eines der Privatbäder im zweiten Stock. Das teuerste wurde eigens für einen Besuch des Kaisers im Jahre 1899 eingerichtet.

BADEMANTEL INKLUSIVE

In japanischen Badeorten ist es üblich, im Baumwoll-Bademantel Yukata durch die Straßen zu spazieren. Man trägt ihn auch als Nachtgewand und – jedenfalls im Ryokan – wenn man zum Essen geht. Wünscht ein Hotel das nicht, wird extra darauf hingewiesen, aber in einem so volkstümlichen Bad wie Dogo Onsen ist das eher unwahrscheinlich. Gleich neben dem Honkan steht das moderne Hotel Patio Dogo, ein Haus der Mittelklasse mit relativ kleinen, aber schön eingerichteten Zimmern, gutem Service und einem exzellenten Preis-Leistungs-Verhältnis.

Hotel Patio Dogo, Matsuyama, Dogo Onsen, Honkan-mae, Tel. (089) 941 4128, www.patio-dogo.co.jp

WEITERE INFORMATIONEN ZU MATSUYAMA

Matsuyama City Tourist Information Office: Im Bahnhof, Tel. (089) 931 3914
Websites: www.city.matsuyama.ehime.jp, www.mcvb.jp/convention/English, www.pref.ehime.jp/index-e.htm

40 Kochi und der Süden von Shikoku

An der Küste des Pazifiks

Im Süden von Shikoku ragen zwei zerklüftete Landspitzen in den Pazifischen Ozean: Kap Ashizuri und Kap Muroto. Dazwischen verläuft in einem weiten Bogen die Küste der Präfektur Kochi.

Selbst im Norden von Japans kleinster Hauptinsel Shikoku haben die spektakulären Brückenbauprojekte der 1980er-Jahre, die eine bequeme Verkehrsanbindung an Honshu schufen, zu keinem nennenswerten Aufschwung geführt. Im Süden geht erst recht alles seinen gewohnten Gang. Hier dominieren Fischerei und Landwirtschaft, zum Beispiel der Anbau der beliebten Mikan-Mandarinen, die im warmen, fast subtropischen Klima bestens gedeihen.

Die Burg von Kochi ragt aus dem Grün eines kleinen Parks hervor (oben). Von Gläubigen mit selbst genähten Lätzchen versehen sind die Buddhafiguren im Garten des Chikurin-ji (unten). Der Shimanto ist einer der letzten frei dahinströmenden Flüsse Japans (rechte Seite unten). Beim Yosakoi-Fest im Sommer geht es hoch her (rechte Seite oben).

Kochi, die Hauptstadt der gleichnamigen Präfektur, ist ein typischer Verwaltungssitz mit etwas Industrie. Historische Bedeutung erlangte die abgelegene Provinz, damals noch Tosa genannt, in der turbulenten Zeit vor der Meiji-Restauration des Jahres 1868. Sakamoto Ryoma, Spross einer in Kochi heimischen Samurai-Familie, die durch den Sake-Handel reich geworden war, gehörte zu den Wegbereitern des Umsturzes, bei dem das Tokugawa-Shogunat beseitigt wurde, um die seit Langem überfällige Modernisierung Japans zu ermöglichen. Bevor er sein Ziel erreicht hatte, wurde er unter bis heute mysteriösen Umständen ermordet. Er gilt nicht nur in Kochi als Nationalheld, doch ist man dort naturgemäß besonders stolz auf ihn.

Der Pilgerweg des Kobo Daishi

Eine wichtige Rolle spielt Sakamoto Ryoma im historischen Museum von Kochi, das in der 1753 erbauten Burg untergebracht ist. Der elegante fünfstöckige Bau mit weißen Mauern und ausladenden dunklen Ziegeldächern steht in einem hübschen Park. Sonntags werden an der zur Burg führenden Straße Dutzende von Marktständen aufgestellt, an denen Obst, Gemüse und allerhand Kram und Krempel feilgeboten werden. Sehenswert ist auch der Chikurin-ji, einer der 88 Tempel, die zum Shikoku-Pilgerweg gehören. Dieses japanische Gegenstück zum Jakobsweg nach Santiago de Compostela ist etwa 1200 Kilometer lang. Gewidmet ist die Wallfahrt Kobo Daishi, dem legendären Begründer des Shingon-Buddhismus und der Klos-

terstadt auf dem Koya-san. Er soll den Weg zum ersten Mal begangen haben. Die heutigen Pilger, die seinem Beispiel folgen, sind an ihren weißen Jacken, Strohhüten und Wanderstöcken zu erkennen. Inzwischen wird die Wallfahrt oft mit Fahrrad oder Bus zurückgelegt, doch ernsthafte Pilger sind noch immer zu Fuß unterwegs. Da man für die gesamte Strecke mindestens einen Monat braucht, wird sie meist über mehrere Jahre hinweg etappenweise absolviert.

Buchten und Strände

Überhaupt ist die herrliche Landschaft rund um Kochi der eigentliche Grund, hier einige Tage zu verbringen. Gleich im Süden der Stadt liegt Katsura-hama, ein breiter, von Felsen und Pinienhainen gerahmter Sandstrand, der von einer eindrucksvollen Statue des Sakamoto Ryoma bewacht wird. Im Westen der weiten Bucht von Tosa strömt der Shimanto ins Meer, einer der wenigen Flüsse Japans, die man weder begradigt noch mit Staustufen versehen hat. Ein Stück weiter endet die Bucht am Kap Ashizuri, Teil der zerklüfteten Küstenlandschaft des Ashizuri-Uwakai-Nationalparks mit kleinen Buchten und Inselchen.

Fährt man von Kochi in östlicher Richtung am Meer entlang, gelangt man zur Tropfsteinhöhle Ryugado. Von hier ist es nicht mehr weit bis zu den dramatischen Klippen von Kap Muroto, dem östlichen Ende der Bucht. Wer hier einen kleinen Teil des Pilgerwegs samt drei hübschen Tempeln kennenlernen will, marschiert durch die üppige Natur vom Hotsumisaki-ji zum Kongocho-ji.

YOSAKOI

So heißt ein äußerst lebhafter Tanz, der ursprünglich aus Kochi stammt. Es handelt sich um eine Form des traditionellen Sommertanzes Awa Odori, der sich in ganz Japan ausgebreitet und dabei erstaunlich wandlungsfähig gezeigt hat. Er wird von kleinern und größeren Teams in bunten, kreativ gestalteten Kostümen aufgeführt. Bekannte Festivals finden unter anderem in Tokyo und Sapporo statt, doch am tollsten geht es immer noch in Kochi zu, wo jeden August über 10 000 Tänzer zusammenkommen, um sich im Wettbewerb zu messen und einfach Spaß zu haben.

Website zum Festival:
www.yosakoi.com/en

WEITERE INFORMATIONEN ZU KOCHI UND UMGEBUNG

Kochi Tourist Information Counter:
Im Bahnhof Kochi, Tel. (088) 826 3337
Website zum Pilgerweg:
www.kushima.com/henro/index_e.html
Weitere Websites:
www.pref.kochi.lg.jp/English,
www.attaka.or.jp/foreign/english

Vulkanische Erscheinungen wie der grüne Doppelgipfel des Yufu-dake und die dampfenden Höllentümpel von Beppu prägen die südlichste Hauptinsel Kyushu (oben und rechts). Vor dem Einlegen werden die auf der Satsuma-Halbinsel angebauten Rettiche an der Luft getrocknet (Mitte). Bunte Lampions leuchten beim Laternenfest von Nagasaki (unten).

Kyushu und südliche Inseln

41 Nagasaki und der erste Kontakt mit Europa

Hafenstadt mit wechselhafter Geschichte

Von Hügeln gerahmt, liegt der geschützte Hafen von Nagasaki an einer engen Bucht. Hier, im äußersten Westen Japans, ließen sich die Portugiesen nieder, als sie im 16. Jahrhundert als Händler und Missionare ins Land kamen. Im August 1945 Ziel des zweiten Atombombenabwurfs, ist Nagasaki heute eine lebhafte, vielfach von ihrer Vergangenheit geprägte Stadt.

Die erste Kunde von der Existenz des japanischen Inselreichs brachte um 1300 Marco Polo nach Europa. Manchen Legenden zufolge hat er das Land, das er nach der chinesischen Aussprache seines Namens »Cipangu« nannte, sogar besucht, doch dafür gibt es keinerlei Belege. Wie oft in solchen Fällen schrieb er vom bloßen Hörensagen von dem dort angeblich vorhandenen gewaltigen Reichtum an Gold und Silber.

Die Zeit der Portugiesen

Einen realen Eindruck gewann die Besatzung des portugiesischen Schiffs, das 1542 – zur Zeit der großen europäischen Seefahrer – nach Kyushu gelangte. Wenige Jahre später trafen Jesuiten-Missionare ein, geführt von Francisco de Xavier, zu Deutsch Franz Xaver, der bereits in Indien tätig gewesen war und später nach China weiterreiste. Es gelang ihnen, einige der Fürsten der Region zum Christentum zu bekehren.

Ob das rein religiös begründet war, sei dahingestellt, denn die Portugiesen verfolgten in erster Linie wirtschaftliche Zwecke. Der Daimyo Omura Sumitada jedenfalls, der ihnen den Hafen von Nagasaki zur Verfügung stellte, profitierte erheblich vom aufblühenden Handel. In den vorangegangenen Jahrhunderten war der einst rege Austausch mit China und Korea weitgehend eingeschlafen. Nun brachten die Portugiesen nicht nur eigene Produkte ins Land, sondern trieben auch Handel mit chinesischen Gütern. Oda Nobunaga, der erste der drei großen Einiger Japans, verdankte seinen militärischen Erfolg dem Einsatz der primitiven Feuerwaffen, die er in großer Stückzahl von den Portugiesen erworben hatte. In seinem Film-Epos »Ran« hat Akira Kurosawa die vernichtende Wirkung der europäischen Arkebusen auf die mit Schwert und Lanze kämpfenden Samurai dargestellt. Die Stellung der portugiesischen Händ-

Jahrhundertelang war Nagasaki Japans Tor zur Welt. Das sieht man an chinesischen Tempeln (oben) und an den Villen, die sich im 19. Jahrhundert zugezogene Europäer bauten (unten). Vom Feuer geschwärzte Statuen erinnern an den Abwurf der Atombombe (rechte Seite oben). Die Stadt schmiegt sich in eine enge Bucht (rechte Seite unten).

ler änderte sich vorerst nicht, als Nobunagas Nachfolger Hideyoshi das inzwischen auch im Volk verbreitete Christentum ächtete und zur Abschreckung zwei Dutzend Christen kreuzigen ließ. Erst Tokugawa Ieyasu ging nicht nur mit äußerster Brutalität gegen den unerwünschten Glauben vor, sondern vertrieb auch sämtliche Portugiesen aus dem Land. Damit begann die hermetische Abschließung Japans. Der einzige Kontakt zur Außenwelt lief über einen streng abgeschirmten Handelsstützpunkt der Holländer, den man auf der winzigen künstlichen Insel Dejima in der Bucht von Nagasaki eingerichtet hatte.

Internationales Flair

Als Japan sich im 19. Jahrhundert unfreiwillig wieder öffnete, gehörte Nagasaki zu den ersten Häfen, die von ausländischen Schiffen angelaufen werden durften. Nicht weit vom alten Chinesenviertel siedelten sich europäische und amerikanische Kaufleute an, deren Häuser heute im Glover-Park zu sehen sind, benannt nach einem schottischen Waffenhändler. Zugleich wurde die Stadt zu einem wichtigen Zentrum des Schiffbaus, als Yataro Iwasaki, der Gründer von Mitsubishi, die bis dahin regierungseigene Werft übernahm.

Die Werftanlagen waren auch das eigentliche Ziel der Atombombe, die am 9. August 1945 über Nagasaki abgeworfen wurde und fast die halbe Stadt dem Erdboden gleichmachte. Ein eindrucksvolles Mahnmal ist die Ruine der Urakami-Kathedrale. Obwohl man das Grauen dieses Tages nicht vergessen hat, ist Nagasaki heute wieder eine lebensfrohe Stadt, in deren Kultur die internationale Vergangenheit viele interessante Spuren hinterlassen hat.

42 Kumamoto – Burgstadt mit rauem Charme

Im Zentrum von Kyushu

Wer den Norden von Kyushu bereist, kommt automatisch durch Kumamoto, weshalb es sich anbietet, hier einen Tag zu verweilen. Die schwarz-weiße Burg zählt zu den eindrucksvollsten Festungsanlagen Japans; ein schöner Garten der Edo-Zeit ist der Suizen-ji Joju-en. Im Ausgehviertel kann man abends wunderbar essen, trinken und tanzen gehen.

Geometrische Sandformationen an einem flachen Strand der Präfektur (oben); extravaganter Kopfputz beim Laternenfest von Yamaga bei Kumamoto (unten); der Turm der schwarzen Festung zur Zeit der Azaleenblüte (rechte Seite unten) und die Miniaturversion des Fuji im Landschaftsgarten Suizen-ji Joju-en (rechte Seite oben).

Als Lafcadio Hearn, der große Kenner und Liebhaber Japans, 1891 nach Kumamoto kam, um dort als Englischlehrer zu wirken, war er anfangs wenig begeistert: »Eine weitgestreckte, düstere, unansehnliche Stadt ist Kumamoto«, schrieb er enttäuscht. »Die Bauern hier und die Leute der Unterschicht trinken, prügeln sich und schlagen ihre Frauen – es macht mich wütend, wenn ich daran denke, dass ich einmal alle Japaner als Engel bezeichnet habe.«

Inzwischen geht es in Kumamoto deutlich gesitteter zu, doch es herrscht immer noch der raue Charme einer typischen Provinzhauptstadt, den der feinsinnige Hearn wohl nicht recht zu schätzen wusste. Das Häuschen, das er in den drei Jahren seines Aufenthalts bewohnte, ist übrigens zu besichtigen. Mit seinem hübschen Garten bildet es einen deutlichen Kontrast zu dem modernen Kaufhaus, das dahinter aufragt.

Wehrhafte Festung

Wahrzeichen von Kumamoto ist die Burg, ein ausgesprochen wehrhaft wirkendes Gemäuer mit schwarzer Holzverkleidung, strahlend weißen Giebeln und dunklen, leicht geschwungenen Ziegeldächern. Erbaut wurde sie von Kato Kiyomasa, einer der interessantesten Gestalten der Umbruchszeit um 1600, der sich als Feldherr und Festungsbaumeister einen Namen machte. Zu den innovativen Elementen, die er in Kumamoto einführte, gehören die starke Biegung der gewaltigen Steinwälle und die überhängenden Holzplattformen, die ein Erklimmen verhindern sollten.

Während der Satsuma-Rebellion des Jahres 1877, bei der sich traditionell gesinnte Samurai gegen die Aufhebung des Ständesystems stemmten, wurde die Burg nach einer 53-tägigen Belagerung erobert und niedergebrannt. Der Hauptbau, der sich auf den massiven Fundamenten erhebt, ist daher eine Rekon-

struktion, was den imposanten Eindruck jedoch nicht schmälert. Eine Reihe von Nebengebäuden ist im ursprünglichen Zustand erhalten.

Nach Kiyomasas Tod ging die Provinz in den Besitz des Hosokawa-Clans über, dessen Residenz im Park westlich der Burg steht – ein exzellentes Beispiel der Wohnkultur hochrangiger Samurai der Edo-Zeit. Fürst Hosokawa Tadatoshi war ein Freund und Förderer des legendären Schwertkämpfers Miyamoto Musashi, der gegen Ende seines Lebens als Einsiedler in einer Höhle westlich von Kumamoto lebte und dort sein bei Management-Seminaren gern verwendetes *Buch der fünf Ringe* schrieb.

Der Fuji en miniature

Hosokawa Tadatoshi verdankt Kumamoto seine zweite große Attraktion – den nach einem nicht mehr vorhandenen Tempel benannten Suizen-ji Joju-en.

Ursprünglich für die Teezeremonie erbaut – Tadatoshi hatte den Ort wegen seiner reinen Quelle ausgewählt –, wurde der Garten später zu einem Park mit verschiedenen Miniaturlandschaften erweitert. Prägendes Merkmal ist ein grasbewachsenes Abbild des Fuji, dessen Hänge von einem mit großen Felsen geschmückten Teich aufsteigen.

Kumamoto besitzt gleich zwei lebhafte Ausgeh- und Shoppingviertel: Kamitori und Shimotori. Interessant wird es dort vor allem dann, wenn man durch die Seitengassen bummelt. Ein schickes Restaurant, in dem es neben exzellenter japanischer Küche auch thailändische und chinesische Spezialitäten gibt, ist das »Yokobachi« nördlich der Kamitori. Die internationale Gemeinschaft der Stadt trifft sich in »Jeff's World Bar«; eine stilvolle Lounge ist das »Fresco«, wo es – passend zum Namen – leichte italienische Kost gibt.

KUNSTHANDWERK IN VOLLENDUNG

Kumamoto und Umgebung sind bekannt für qualitätvolles Kunsthandwerk. Der Förderung dieser Tradition widmet sich ein kleines, aber feines Museum gleich östlich der Burg. Die ständige Sammlung bietet einen guten Überblick, daneben gibt es Wechselausstellungen, bei denen Handwerker bei der Arbeit zu beobachten sind. Im Museumsladen findet sich ein so vielfältiges Angebot von edler Intarsienarbeit bis zu herrlichem traditionellem Spielzeug, darunter bunt bemalte Kreisel, dass man sich nur schwer entscheiden kann.

Prefectural Traditional Crafts Center (Kumamoto-ken Dento Kogei-kan): 3-35 Chibajo-machi, Tel (096) 324-4930

WEITERE INFORMATIONEN ZU KUMAMOTO

Kumamoto Tourist Information Center: Sangyo Bunka Kaikan, Tel. (096) 322-5060; Information im Bahnhof, Tel. (096) 352-3743 **Websites:** www.manyou-kumamoto.jp, www.visitkumamoto.com

43 Am Krater des Aso

Die größte Caldera der Welt

Vulkanische Aktivität gibt es in Japan zuhauf, aber nirgendwo ist sie eindrucksvoller als am Aso, dem größten tätigen Vulkan des Landes. An seinen Hängen haben sich Thermalbäder etabliert, wo man in ländlicher Umgebung herrlich entspannen kann.

Geologisch gesehen liegt Japan in einer besonders heiklen Region. Während Hokkaido und der nördliche Teil von Honshu in der Zone zwischen der Nordamerikanischen und der Eurasischen Platte liegen, stoßen in der Gegend des Fuji gleich drei Platten aufeinander: die Eurasische, die Philippinische und die Ochotsk-Platte. Diese Konstellation ist für das Große Kanto-Erdbeben des Jahres 1923 verantwortlich – und dafür, dass innerhalb der kommenden Jahrzehnte im Ballungsgebiet von Tokio ein ähnlich starker Erdstoß erwartet wird.

Unruhige Erde

Kleinere, meist nicht wahrnehmbare Erdbeben treten in Japan ständig auf. In Phasen starker seismischer Aktivität sind mancherorts fast täglich Erschütterungen bemerkbar – prinzipiell ist man in Japan daher auch auf größere Katastrophen vorbereitet. Im Hinblick auf die extrem verstädterte Region um Tokio mit ihren über 35 Millionen Menschen stellt sich allerdings die Frage, inwieweit ein wirksamer Katastrophenschutz logistisch überhaupt möglich ist. Von Wissen-

schaftlern ausgearbeitete Szenarien stimmen jedenfalls nachdenklich. Zum Beispiel fragt man sich, wie die im Zentrum arbeitenden Menschen in ihre teils Dutzende Kilometer entfernten Wohnungen kommen sollen, wenn keine Bahn mehr fährt. Dazu kommen die Erfahrungen, die man 1995 beim Erdbeben von Kobe gemacht hat. Obwohl die Katastrophe sich frühmorgens ereignete – zu einer Zeit also, als noch kaum jemand unterwegs war –, stieß das staatliche und städtische Krisenmanagement rasch an seine Grenzen. Es zeigte sich, dass die viel gerühmte japanische Organisationskultur nur dann wirklich funktioniert, wenn alles nach Plan verläuft.

Ein Supervulkan

Eine andere Situation ergibt sich in Gegenden, wo ständig heftige vulkanische Aktivität herrscht. Ein Musterbeispiel ist der Aso, einer der größten aktiven Vulkane der Welt – und der größte Japans. Solche Kolosse bezeichnet man auch als Supervulkane, weil sie wegen der schieren Größe ihres Magmaherdes keinen Kegel aufbauen, sondern einen gewaltigen Einbruchskessel – fach-

Aus einer riesigen, landwirtschaftlich genutzten Caldera erheben sich die teils grünen, teils aktiven Vulkankegel des Aso-zan (oben). Während der Azaleenblüte überziehen sich ganze Hänge mit üppigem Rot (rechte Seite unten). Die kleinen Thermalbadeorte am Aso verströmen rustikalen Charme (rechte Seite oben).

sprachlich: eine Caldera – entstehen lassen. Die mehr oder weniger ovale Caldera des Aso hat einen Durchmesser von maximal 25 Kilometern und den unglaublichen Umfang von etwa 120 Kilometern. Innerhalb dieses landwirtschaftlich genutzten Kessels befinden sich nicht nur mehrere Orte, sondern auch einige Vulkankegel.

Fünf davon – Taka-dake, Naka-dake, Neko-dake, Kishima-dake und Eboshi-dake – bilden eine zentrale Gruppe, deren höchster Punkt, der Gipfel des Taka-dake, 1592 Meter erreicht. Nur der Naka-dake war in den vergangenen siebzig Jahren aktiv – die letzten Ausbrüche wurden 1974, 1979, 1984/85 und 1989–91 verzeichnet. Rauch steigt

beständig aus ihm auf. Entstanden ist die Caldera durch vier gewaltige Ausbrüche, die sich im Zeitraum von vor 300 000 bis 80 000 Jahren ereigneten. Das Tuffgestein des letzten, größten Ausbruchs dürfte halb Kyushu bedeckt haben; Ascheregen ging noch im äußersten Westen von Honshu nieder. Touristische Hauptattraktion des Aso ist der Krater des Naka-dake, der mit dem Bus und der Seilbahn erreichbar ist. Es wäre allerdings schade, sich darauf zu beschränken – die grüne Landschaft der Caldera hat ihren ganz eigenen Charme. Genügend Erholung findet man in ländlichen Badeorten wie Jigoku Onsen oder Tarutama Onsen, in denen heiße Quellen sprudeln.

BADEFREUDEN IN GRÜNER LANDSCHAFT

In der wunderbar grünen Gegend im Süden des Aso steht das Ryokan Chikurakutei in genau der richtigen Mischung aus traditionellem und modernem Stil. Wie üblich gibt es gemütliche Gemeinschaftsbecken im Freien und unter Dach, zudem haben manche Räume ein privates Außenbad. Auf spezielle Wünsche, zum Beispiel nach vegetarischem Essen oder europäischem Frühstück, wird gerne eingegangen. Gebucht werden kann direkt oder über das Portal www.japaneseguesthouses.com.

Ryokan Chikurakutei: Ka-in, Minami-aso-mura, Nähe Bahnhof Choya (Takamori-Linie), Tel. (0967) 67-1212, E-Mail: postmaster@chikurakutei.jp

WEITERE INFORMATIONEN ZUM ASO

Aso Information Center: Kurokawa, Aso-shi, Tel. (0967) 34-0751
Aso Volcano Museum Information Center: Akamizu, Aso-shi, Tel. (0967) 34-2111
Websites: www.aso.ne.jp/~volcano/eng, www.kyusanko.co.jp/aso/english, www.welcomekyushu.com

44 Beppu und Yufuin – Onsen für jeden Geschmack

Badevergnügen mit und ohne Trubel

Ein typischer Thermalbadeort (Onsen) der quirligen Sorte ist Beppu, das gern als »Las Vegas« Japans bezeichnet wird. Wer Ruhe und eine entspannte, ländliche Atmosphäre sucht, ist im nahen Yufuin besser aufgehoben.

Verschiedene Mineralien sorgen für die schillernden Farben der blubbernden »Höllen« von Beppu (oben). Zwischen den Hotels der Stadt steigen die Dämpfe der zum Baden genutzten Thermalquellen empor (unten). Ländliche Ruhe herrscht in Yufuin, das eine erholsame Alternative zum Trubel von Beppu darstellt (rechte Seite).

Das tägliche Bad gehört zu den Grundbestandteilen der japanischen Alltagskultur. In den eigenen vier Wänden sieht das so aus, dass die Familie nacheinander in die Wanne steigt, die relativ klein, aber dafür so hoch ist, dass der ganze Körper ins etwa vierzig Grad heiße Wasser passt. Vorher hat man sich im Vorraum – also außerhalb der Wanne – gründlich gereinigt. Wer kein eigenes Bad hat, geht ins öffentliche Badehaus, das es in jedem Ort und jedem Stadtteil gibt. Noch heute ziehen viele das geräumige gemeinsame Becken dort der engen Nasszelle vor, mit der die oft winzigen Apartments ausgestattet sind. Vergleichbar ist diese Tradition mit den Thermen der römischen Antike und dem arabisch-türkischen Hamam.

Am Wochenende zieht es den besonders badefreudigen Teil der Bevölkerung in die Thermalbäder, die in allen vulkanisch aktiven Gebieten zu finden sind. Das kann ein einzelnes traditionelles Gasthaus in einem abgeschiedenen Bergtal sein oder ein lärmender Badeort am Meer, wo Hotelkästen in den Himmel

wachsen. In jedem Fall geht es nicht nur darum, sich ausgiebig im warmen Wasser zu entspannen, sondern auch um ein opulentes Abendessen mit ein paar Gläsern Bier oder Sake.

Höllisches Spektakel

Beppu ist Japans bekanntestes Thermalbad – und das will etwas heißen. Neben allen nur denkbaren Bausünden der letzten Jahrzehnte gibt es hier jede Form der Vergnügung, die japanische Badetouristen schätzen, also auch Spielhallen und eine umfangreiche Rotlichtindustrie. Man hat daher Gelegenheit, sämtliche Formen und Auswüchse des japanischen Binnentourismus zu studieren. Die meisten Urlauber geben sich jedoch durchaus harmlosen Vergnügungen hin, vor allem dem besagten guten Essen und natürlich dem Besuch der verschiedenen großen Bäder.

Wer nichts gegen ein wenig Trubel hat, wird sich hier also durchaus wohlfühlen, und an guten bis exzellenten Ryokan-Hotels ist wahrlich kein Mangel. Hauptattraktion – neben den Bädern –

sind die in verschiedenen Farben dampfenden »Höllen« (Jigoku), vulkanische Quellen, die zu heiß sind, um zum Baden verwendet zu werden. Sie erreichen Temperaturen bis zum Siedepunkt. Je nach Färbung des Wassers und anderen Eigenheiten hat man ihnen teilweise ausgesprochen dramatische Namen verliehen, zum Beispiel »Blutteichhölle« und »Dämonenberghölle«. Insgesamt gibt es zehn dieser Quellen, von den acht mit einem Kombiticket besichtigt werden können – wer dann noch Lust auf die letzten beiden hat, muss noch extra dazuzahlen.

Nicht für jedermann geeignet, aber durchaus spaßig ist das Sexmuseum (Hihokan), dessen Sammlung eine Mischung aus Aufklärungsbemühungen à la Oswalt Kolle, qualitätsvoller erotischer Kunst und blankem Kitsch darstellt. Garantiert jugendfrei ist hingegen das städtische Bambuszentrum, wo über die in der Gegend seit alters gepflegte Herstellung von Bambuserzeugnissen informiert wird. Natürlich sind alle Hotels mit schönen Bädern ausgestattet, aber zur Abwechslung lohnt ein Besuch im Takegawara Onsen, einem prächtigen öffentlichen Badehaus aus der Meiji-Zeit. Hier kann man sich auch bis zum Kopf in heißem Sand einbuddeln lassen.

Ländliche Alternative

Eine ganz andere Atmosphäre als Beppu hat Yufuin, das landeinwärts in einem weiten grünen Bergtal liegt. Reisfelder, ein kleiner See und der durchs Tal strömende Fluss vermitteln eine ländliche Stimmung, und von den Freiluftbädern der Ryokan bietet sich ein Blick auf den 1584 Meter hohen Yufu-dake, einen mächtigen Vulkan mit zwei Gipfeln. Wer Lust auf eine Wanderung und den herrlichen Ausblick hat, kann ihn in etwa eineinhalb Stunden besteigen.

ZWEI MAL WOHNEN MIT STIL

Ein großes, luxuriöses Onsen-Hotel, das keine Wünsche offen lässt, ist das »Suginoi in Beppu«. Neben mehreren Thermalbädern bietet es ein modernes Spaßbad mit Swimmingpool und Wasserrutschen sowie exzellente Restaurants mit japanischer und französischer Küche. Von den Zimmern hat man einen schönen Blick auf Stadt und Meer. Ebenso luxuriös, aber noch nobler und ruhiger residiert man im »Kamenoi Besso«, einem traditionellen Ryokan in Yufuin. Erbaut wurde es 1921 als Landhaus eines reichen Kaufmanns aus Beppu.

Suginoi Hotel: Beppu, Tel. (0977) 24-1141, www.suginoi-hotel.com/english
Kamenoi Besso: Yufuin, Tel. (0977) 84-3166, Fax (0977) 84-2356, buchbar auch über www.japanesguesthouses.com

WEITERE INFORMATIONEN ZU BEPPU UND YUFUIN

Foreign Tourist Information Office: Im Bahnhof von Beppu, E-Mail: ftio@ace.ocn.ne.jp
Websites: www17.ocn.ne.jp/~ftio, www.city.beppu.oita.jp/51englishpage, www.yufuin.gr.jp/yufuinguide

45 Takachiho – Heimat der Mythen

An der Höhle der Sonnengöttin

An wenigen Orten wird die urtümliche Kraft des Shinto so eindrücklich erfahrbar wie in Takachiho. Der abgelegene kleine Ort inmitten eines herben, bewaldeten Hochplateaus gilt als legendärer Ursprung des kultischen Tanzes Kagura.

In einer grünen Berglandschaft liegen die archaischen Heiligtümer von Takachiho, die mit dem Kult der Sonnengöttin verbunden sind (oben). Im Winter führen die Einwohner den uralten kultischen Tanz Kagura auf (rechte Seite oben). Mit dem Ruderboot befahren kann man eine idyllische Schlucht mit silberklaren Wasserfällen (rechte Seite unten).

Das Ufer des Bergflusses dient rituellen Waschungen, einer zentralen Praxis der alten Religion. Der Shinto – Weg der Götter –, wie wir ihn heute kennen, umfasst zwei sehr unterschiedliche Aspekte: Zunächst ist es eine gewissermaßen politische Form, denn der japanische Adel hat schon sehr früh verstanden, sich den Volksglauben zur Legitimierung seiner Herrschaft zunutze zu machen. Deshalb ist der Tenno seit jeher nicht nur Staatsoberhaupt, sondern auch höchster Priester des Landes. Seine Dynastie wird auf die Zeit zurückgeführt, als ein Nachkomme der Sonnengöttin Amaterasu das Land gründete. »Göttlich« im eigentlichen Sinne ist der Kaiser damit nicht, aber doch – wie man in Anlehnung an die Auffassung des europäischen Mittelalters sagen könnte – sehr konkret von Gottes Gnaden.

Staats- und Alltags-Shinto

Ausdruck dieser politischen Nutzbarmachung ist auch das prächtige Heiligtum von Nikko, wo der erste Shogun der Tokugawa-Dynastie als Schutzgott des Landes verehrt und damit faktisch dem Kaiser gleichgestellt wurde. In letzter Konsequenz führte das schließlich zum martialisch-nationalistischen Staats-Shinto des ausgehenden 19. Jahrhunderts, mit dem imperialistische Bestrebungen legitimiert wurden, bis sie in der Katastrophe des Zweiten Weltkriegs endeten. Eine ganz andere Seite des Shinto zeigt sich in den Ritualen, die den Alltag der Menschen begleiten. Dazu gehören die Hochzeitszeremonie im Schrein und die Schrein-Besuche der Kinder, die im Alter von drei, sieben und fünf Jahren erfolgen. Bauplätze werden vor der Errichtung eines Hauses vom Priester rituell gereinigt, und überall schleppt man ein Mal im Jahr schwere Trageschreine, Mikoshi genannt, durchs Dorf oder durchs Stadtviertel. Gerade in der Großstadt Tokio – beim Sanja Matsuri rund um den Tempel von Asakusa – geht es dabei äußerst ausgelassen zu. Zu dieser Seite des Shinto gehören auch die Heiligtümer von Takachiho, mit denen folgende Sage verbunden ist:

Als die Sonne verschwunden war

Susano-o, Herr des Meeres und der Stürme sowie Bruder der Sonnengöttin Amaterasu, hatte im Himmel eine große

Verwüstung angerichtet. Darüber war Amaterasu so verärgert, dass sie sich in einer Felshöhle versteckte, worauf eine ewige Nacht anbrach. Erschrocken versammelten sich die zahllosen anderen Kami, um sie wieder herauszulocken. Dabei kam einer Göttin namens Ame-no-uzume die Aufgabe zu, einen grotesken pantomimischen Tanz aufzuführen, die legendäre Urform des Kulttanzes Kagura. Als sie dabei mit gespielter Besessenheit die Brüste entblößte, brachen die Zuschauer in ein Lachen aus, das die Gefilde des Himmels erschütterte. Das hörte Amaterasu, öffnete verwundert einen Spalt weit das Tor der Höhle und fragte nach dem Grund. Die Kami freuten sich, weil eine noch herrli-

chere Gottheit als Amaterasu erschienen sei, sagte Ame-no-uzume listig und zeigte auf einen Spiegel, der vor der Höhle aufgestellt worden war. Neugierig kam die Sonnengöttin ein Stück weit hervor, um hineinzuschauen. Dabei konnte man sie fassen und aus der Höhle ziehen, worauf es wieder hell wurde.

An archaisch wirkenden Schreinen vorbei wandert man heute in Takachiho zu dem Fluss, an dem Amaterasus Höhle liegt. Ernsthafte Shinto-Praktizierende führen hier rituelle Waschungen durch. Selbst als flüchtiger Besucher spürt man den Geist des Ortes, an dem Natur und Kult sich so innig berühren, dass sie quasi ineinander zu fließen scheinen.

BOOTSFAHRT DURCH DIE SCHLUCHT

Kein Heiligtum, aber nicht weniger stimmungsvoll als die Höhle der Sonnengöttin ist die tief eingeschnittene Schlucht des Gokase-Flusses, an dem man ein Stück entlangwandern kann. Sie ist vor langer Zeit bei einem gewaltigen Ausbruch des Aso entstanden, als die Lava des nordwärts gelegenen Vulkans bis hierher strömte. Besonders schön ist der Blick auf die steilen Felswände, an denen Wasserfälle herabbrausen, bei einer gemütlichen Fahrt mit dem Ruderboot. Übernachtungstipp: Ein stilvolles, neu renoviertes Gasthaus im traditionellen Stil ist das Ryokan Shinsen. Ein besonderes Plus sind die gemütlichen Thermalbecken.
Ryokan Shinsen: 1227-5 Oaza Mitai, Takachiho, Tel. (0982) 72-2257, www.takachiho-shinsen.co.jp/english

WEITERE INFORMATIONEN ZU TAKACHIHO

Takachiho Tourist Association, Tel. (0982) 73-1213, Fax (0982) 73-1239
Websites: www.welcomekyushu.com

Unablässig aktiv ist der Schichtvulkan Sakurajima, der regelmäßig Staub und Asche auf das nahe Kagoshima herabregnen lässt (oben und rechte Seite unten). Zum Lichtobjekt wird nachts ein Park im Stadtzentrum (unten). Der bulligen Gestalt des Lokalhelden Saigo Takamori sind mehrere Statuen gewidmet (rechte Seite oben).

46 Kagoshima – Stadt unter dem dem Vulkan

Ein Leben mit den Naturgewalten

Vulkane gibt es in Japan allenthalben, aber nur in Kagoshima leben so viele Menschen in direkter Nachbarschaft zu einem aktiven Ungetüm, das ständig Rauch und Asche speit. Zudem ist die Stadt Ausgangspunkt für Ausflüge auf die ländliche Satsuma-Halbinsel und an die idyllische Südostküste von Kyushu.

Satsuma ist der Name der alten Provinz, deren Hauptstadt Kagoshima war. Beherrscht wurde sie seit dem Ende des 12. Jahrhunderts von dem Adelsgeschlecht der Shimazu, das sich hier, fernab von Kyoto und dem späteren Machtzentrum Edo, allerhand Freiheiten erlauben konnte. Um den Expansionsdrang des Clans zu befriedigen, gestattete das Tokugawa-Shogunat ihm die Eroberung des bis dahin unabhängigen Königreichs Ryukyu, der heutigen Okinawa-Inseln. Sie wurden ab 1609 mit harter Hand von Satsuma aus regiert und brachten den Shimazu großen Wohlstand ein, unter anderem deshalb, weil über sie der Handel mit China abgewickelt wurde.

Rebellische Samurai

In der Umbruchzeit nach der von den Amerikanern 1854 erzwungenen Öffnung Japans spielten die Shimazu eine entscheidende Rolle. Gemeinsam mit den Mori aus Choshu, der heutigen Prä-

fektur Yamaguchi im äußersten Westen von Honshu, unterstützten sie die Kräfte, die das Tokugawa-Shogunat stürzen und den jungen Meiji-Tenno als Galionsfigur einer reformwilligen Regierung einsetzen wollten. Im Boshin-Krieg der Jahre 1868 und 1869 wurde dieses Ziel erreicht. Einer der bedeutendsten Heerführer dieser Auseinandersetzung war Saigo Takamori, ein Samurai in Diensten der Shimazu und der Lokalheld von Kagoshima.

Als die neue Regierung dazu überging, die Rechte der Samurai erheblich einzuschränken, und ihnen sogar das Tragen von Schwertern verbot, kam es unter seiner Führung zur Satsuma-Rebellion des Jahres 1877, die blutig niedergeschlagen wurde. Sie bildet den Hintergrund für das Filmepos »Last Samurai« mit Ken Watanabe und Tom Cruise. Durch die Bombenangriffe des Zweiten Weltkriegs stark zerstört, ist Kagoshima heute eine moderne Großstadt, die vor allem wegen ihrer Lage besuchenswert

ist. Vom Sengan-en, dem Garten einer früheren Adelsresidenz, bietet sich ein fantastischer Blick über das ruhige, tiefblaue Wasser der Bucht zu dem mächtigen, 1117 Meter hohen Vulkan Sakurajima. Sein Name bedeutet »Kirschblüteninsel«, was angesichts seiner ständigen Aktivität, die Kagoshima regelmäßig mit einer feinen Ascheschicht bedeckt, fast schon verzweifelt poetisch klingt.

Wanderung durchs Lavafeld

Früher war der Sakurajima tatsächlich eine Insel – durch Lavaflüsse ist er inzwischen jedoch an einer Stelle mit dem Festland verbunden. Wie der Fuji ist er ein Schichtvulkan und befindet sich gemeinsam mit Kagoshima in einer riesigen Caldera, die vor 22 000 Jahren bei einer gewaltigen Eruption entstanden ist. Aus diesem Kessel steigt er seit etwa 13 000 Jahren immer höher empor. Der Ausbruch von 1914, bei dem die Verbindung zum Festland entstand, war der stärkste im Japan des 20. Jahrhunderts. Nach einer vorübergehenden Ruhephase ist Sakurajima seit 1955 wieder aktiv. Da in seinem Umkreis mehr als eine halbe Million Menschen lebt, wird seine Tätigkeit aufmerksam überwacht – Schutzräume stehen dafür bereit, um die Bevölkerung vor einem etwaigen Steinregen zu schützen.

Trotz seiner Aktivität kann der Vulkan gefahrlos erkundet werden. Die Fahrt mit der Fähre über die Bucht dauert nur eine Viertelstunde. Und schon von der Anlegestelle aus kann man über ein großes Lavafeld wandern; einen noch besseren Blick auf die Vulkankegel und die Bucht bieten jedoch verschiedene Aussichtspunkte. Ausflugsbusse fahren die Besucher rund um den Berg, auf dessen Hängen riesige Rettiche wachsen. Wer auf eigene Faust losziehen will, mietet sich an der Anlegestelle am besten ein Fahrrad.

AUSFLUG NACH NICHINAN

Einer der schönsten Küstenstriche Japans ist Nichinan Kaigan im Südosten von Kyushu. Um ihn zu erkunden, braucht man allerdings einen Mietwagen. Von Kagoshima aus führt die Fahrt erst durch die grüne Vulkanlandschaft des nördlichen Yaku-Kirishima-Nationalparks und von dort in den wenig ansprechenden Touristenort Aoshima am Meer. Dann wird es idyllisch. Der Udo-Schrein, an einem steilen Küstenhang gelegen, ist ein besonders stimmungsvolles Shinto-Heiligtum; in der alten Burgstadt Obi finden sich Erinnerungen an die Edo-Zeit. Von der Straße aus hat man immer wieder einen herrlichen Blick aufs Meer und die subtropische Vegetation der Küstenlandschaft.

WEITERE INFORMATIONEN ZU KAGOSHIMA

Tourist Information Center: im Bahnhof Kagoshima Chuo, Tel. (099) 253-2500
Websites: www.kagoshima-kankou.com/for, www.city.kagoshima.lg.jp

47 Chiran und seine Samurai-Gärten

Einblick in die Kultur des Schwertadels

Zwischen den Feldern der Satsuma-Halbinsel liegt das kleine Städtchen Chiran. Die Samurai, die hier in der Edo-Zeit die Staatsgewalt repräsentierten, haben eine Reihe von Häusern mit wunderhübschen Gärten hinterlassen. Nicht weit davon werden Erinnerungen an ein düsteres Kapitel der japanischen Geschichte wach – den Einsatz der Kamikaze-Truppe im Zweiten Weltkrieg.

Unter den Stereotypen, die das europäische Japanbild bestimmen, nimmt die Gestalt des Samurai eine besondere Stellung ein. Tapfer, treu und jederzeit bereit, für seinen Herrn zu sterben, kämpft sich der Schwertadel durch unzählige Bücher und Filme bis hin zu Science-Fiction-Adaptationen wie den Jedi-Rittern in George Lucas' Star-Wars-Epos. Geprägt hat den Mythos nicht zuletzt das Werk von Akira Kurosawa, das mit Filmen wie »Die sieben Samurai« großen Einfluss auf den Western genommen hat.

Der Aufstieg der Samurai beginnt mit der Kamakura-Zeit, in der erstmals ein Mitglied des Schwertadels als Shogun die Macht über das ganze Land ausübte und den bis dahin herrschenden Hofadel verdrängte. In den Wirren des 15. und 16. Jahrhunderts, als einzelne Fürstenhäuser um die Vorherrschaft stritten, spielten die Samurai erneut eine entscheidende Rolle. Militärisch nahm ihre Bedeutung allerdings erheblich ab, als der geniale Feldherr Oda Nobunaga

begann, in großem Stil von portugiesischen Händlern erworbene Feuerwaffen einzusetzen.

Teeanbau als Nebenerwerb

Der letzte große militärische Einsatz der Schwertkämpfer war die Schlacht von Sekigahara im Jahr 1600, in der Tokugawa Ieyasu die Oberherrschaft über Japan gewann. Im streng reglementierten Ständestaat der folgenden Edo-Zeit rangierten die Samurai an oberster Stelle der Gesellschaftsordnung, nun jedoch nicht mehr als Kämpfer, sondern als Garanten der Ordnung und als Beamte im Dienst des Shoguns und der von ihm bestallten Lehnsfürsten. In ihren Kampfkünsten – Fechten, Reiten, Bogenschießen – übten sie sich zwar weiterhin, beschäftigten sich jedoch auch mit deutlich weniger martialischen Dingen wie der Teezeremonie, der Kalligrafie und dem Schreiben von Gedichten. Samurai niedrigen Ranges waren gezwungen, ihren Sold durch einen Nebenerwerb aufzubessern – im Allge-

Einen intimen Eindruck von der Kultur der Samurai bekommt man in den hübschen Gärten von Chiran (oben und rechte Seite unten). Ein Museum ist den im Zweiten Weltkrieg unweit des Orts stationierten Kamikaze-Piloten gewidmet (unten). Am Strand von Ibusuki kann man sich in geothermal erhitztem Sand einbuddeln lassen (rechte Seite oben).

meinen mit der Erzeugung handwerklicher Produkte, denn die Landwirtschaft war ihnen verboten. Im von Edo weit entfernten Chiran nahm man das allerdings nicht wörtlich, weshalb sich die ansässigen Samurai dem Teeanbau als einer angemessen noblen Form der bäuerlichen Beschäftigung widmeten. Als Zeichen des bescheidenen Wohlstands, den sie erwarben, legten sie hinter ihren Häusern Gärten an, deren kunstvolle Architektur sich mit den besten Gärten Kyotos messen kann. Jeder ist anders gestaltet, und der begrenzte Raum, der zur Verfügung stand, hat besonders reizvolle Kompositionen entstehen lassen.

Stützpunkt der Kamikaze-Truppe

In Japan ist Chiran allerdings nicht in erster Linie wegen seiner Samurai-Häuser bekannt, sondern als einer der Stützpunkte der Kamikaze-Flieger. Sie waren der ebenso verzweifelte wie menschenverachtende letzte Versuch, den Vormarsch der Alliierten auf Japan aufzuhalten. Den jungen Männern, die in den sicheren Tod flogen, hielt man zynischerweise die alten Ideale von Treue und Opferbereitschaft vor Augen, die den Ehrenkodex der Samurai in einer ganz anderen Zeit bestimmt hatten. Mit der kritischen Aufarbeitung des Zweiten Weltkriegs tut man sich in Japan bis heute schwer. In dem Museum, das dem Gedenken der Spezialtruppe gewidmet ist, steht deshalb die persönliche Tragik der eingesetzten Soldaten im Mittelpunkt. Bewegend ist ein Besuch der auch englisch beschrifteten Ausstellung vielleicht gerade deshalb.

UNTERWEGS IM LÄNDLICHEN JAPAN

Eine Spazierfahrt durch die Satsuma-Halbinsel ist eine gute Gelegenheit, das ländliche Japan kennenzulernen. Auf den Feldern stehen große Gestelle zum Trocknen der Rettiche (Daikon), die in eingelegter Form zu den Grundbausteinen der einheimischen Küche zählen. Der Thermalbadeort Ibusuki wartet mit einem besonderen Genuss auf, einem »Bad« im Sand des Strandes, der durch warme Dämpfe ideal temperiert wird. In den zur Verfügung gestellten Baumwoll-Bademantel gehüllt, legt man sich in eine der vorbereiteten Kuhlen und wird von resoluten Damen bis zum Hals zugeschippt. Den Blick aufs Meer gerichtet, wird man dann von unten her langsam auf Sauna-Temperatur gebracht – ein herrliches Gefühl!

WEITERE INFORMATIONEN ZU CHIRAN UND IBUSUKI

Kagoshima Prefectural Visitors Bureau:
Kagoshima Sangyo Kaikan, Meizan-cho, Kagoshima, Tel. (099) 223-5771
Websites:
www.kagoshima-kankou.com/for,
http://wgordon.web.wesleyan.edu/kamikaze

Nagasaki Kumamoto Takachiho
Nobeoka
Kyushu-
Gebirge
Unzen-Amakusa-
Nationalpark KYUSHU
Sendai Miyazaki
Chiran Kagoshima
Ibusuki

48
YAKUSHIMA TANEGASHIMA

48 Der Urwald von Yakushima

Insel der tausendjährigen Kryptomerien

Mit dem Bild von Japan verbindet sich der heimische Kirschbaum, der keine genießbaren Früchte, dafür aber umso üppigere Blüten trägt, und die Kiefer, die am Meeresufer vom Wind zu bizarren Formen gebogen oder in Gärten mit ausgeklügelten Methoden in ähnliche Formen gezwungen wird. Die Waldlandschaft bestimmen jedoch zwei Baumarten, deren Namen bei uns sicherlich kaum jemand kennt: Hinoki und Sugi.

Zum Weltnaturerbe zählt seit 1993 der Kryptomerienwald von Yakushima. Die größten der knorrigen Baumriesen weisen ein Alter von mehreren Tausend Jahren auf. Da die Insel ausgesprochen niederschlagsreich ist, sind die Stämme zu Boden gestürzter Bäume von üppigem Moos überzogen (alle Bilder).

Baum der Götter

Für beide hat man in gewohnter Manier Namen gesucht, die vertraut klingen sollen, aber eher zu Verwirrung führen. So ist Hinoki, die »Japanische Zypresse«, botanisch gesehen eine Scheinzypresse, und Sugi, die »Japanische Zeder« oder »Sicheltanne«, weder eine Zeder noch eine Tanne, sondern die mit den kalifornischen Mammutbäumen verwandte *Cryptomeria japonica*. Sie gehört zu den Zypressengewächsen. Das noch lange nach dem Fällen wunderbar duftende Hinoki-Holz wird für den Ausbau von Innenräumen verwendet. Auch das Holz der Sugi wird genutzt, doch hat dieser Baum auch eine besondere kultische Bedeutung. Er ragt überall dort auf, wo Shinto-Heiligtümer an Berghängen stehen, zum Beispiel im sakralen Bereich der Schreine von Nikko. Manche der gewaltigen Exemplare, die man dort sieht, stammen noch aus der Bauzeit der Anlage im 16. Jahrhundert.

Die Insel Yakushima, die etwa sechzig Kilometer von der Südspitze Kyushus entfernt im Pazifik liegt, bietet mit ihrem feuchten Klima ideale Bedingungen für das Wachstum der Sugi. Über 1900 uralte Exemplare hat man gezählt, darunter einen der ältesten Bäume der Welt. Man hat ihm den Namen Jomon Sugi gegeben nach der prähistorischen Jomon-Zeit der japanischen Geschichte, die 300 v. Chr. endete. Was sein Alter betrifft, sind sich die Forscher nicht recht einig, doch wissenschaftliche Untersuchungen weisen darauf hin, dass er mindestens 2100, vielleicht aber sogar bis zu 7000 Jahre alt ist. Sein Stamm hat eine Höhe von 25,30 Metern und einen Umfang von 16,20 Metern.

Wanderungen durch die Wildnis

Jomon Sugi ist nur eine der Attraktionen des 1993 zum Weltnaturerbe ernannten Feuchtwaldes von Yakushima. Der auf

Englisch verfasste Wanderführer, der über Amazon erhältlich ist – *Clive Witham, Yakushima. A Yakumonkey Guide –*, verzeichnet 15 Pfade verschiedener Länge und Schwierigkeitsgrade. Wer jedoch bis zur Jomon Sugi vordringen will, braucht mindestens acht Stunden für den Hin- und Rückweg. Weitere Wanderungen führen zum Miyanouradake, dem mit 1935 Metern höchsten Berg der Insel, und zum Janokuchi-Wasserfall. Angesichts des feuchten Klimas, bei dem man jederzeit mit Niederschlägen rechnen muss, ist ein guter Regenschutz unerlässlich. Sechs spartanische Berghütten bieten auf längeren Touren eine Übernachtungsmöglichkeit. Erreichbar ist die Insel per Flugzeug oder Schnellboot – die Überfahrt dauert zwei Stunden – von Kagoshima aus. Um die Insel zu erkunden, mietet man sich am besten einen Wagen oder einen Motorroller; sportlichere Naturen wählen ein Mountainbike.

Neben den erwähnten Wanderungen gibt es auch schöne, nur mäßig anstrengende Spaziergänge durch den Shiratani-Unsuikyo-Wald; sie führen zu idyllischen Wasserfällen und der 3000 Jahre alten Yayoi Sugi, die nicht ganz so groß ist wie ihr berühmteres Gegenstück, aber kaum weniger beeindruckend. In der Wildnis leben Affen und Rehe, die kaum Scheu vor Menschen zeigen. An mehreren weißen Sandstränden kann man im Meer baden, anderswo warten direkt am Ufer angelegte Thermalbecken auf Besucher.

WOHNEN MIT MEERBLICK

Yakushima ist alles andere als überlaufen, touristisch jedoch gut erschlossen. Es gibt daher eine reiche Auswahl an Unterkünften. Tsuwanoya ist ein luxuriöses Ryokan mit fantastischen Thermalbädern, darunter einem von großen Felsen gesäumten Becken direkt am Strand. Ein gutes Preis-Leistungs-Verhältnis bietet das JR Hotel Yakushima, ein ansprechender runder Bau, der auf einem Felsvorsprung über dem Meer thront. Wer eine preiswerte volkstümliche Unterkunft sucht, ist im Minshuku Shikino Yado bestens aufgehoben, dessen Besitzer Englisch spricht.

Tsuwanoya: E-Mail info@tsuwanoya.com, www.tsuwanoya.com

JR Hotel Yakushima: Tel. (0997) 47-2011, www.jrhotelgroup.com.eng

Shikino Yado: Tel. (0997) 47-3377, www.h3.dion.ne.jp/~yasuakim/english.html

WEITERE INFORMATIONEN ZU YAKUSHIMA

Yakushima Kanko Center: Miyanoura, Tel. (0997) 42-0091, Fax (0997) 42-2081 Website: www.yakumonkey.com

TANEGASHIMA
YAKUSHIMA

49
Naha OKINAWAJIMA

An die Zeit, in der die Inseln von Ryukyu unabhängig waren, erinnern die Ruine der Burg Nagagusuku (oben) und der rekonstruierte Palast der alten Königsstadt Shuri (rechte Seite unten). Die Ziegeldächer traditioneller Häuser werden von grimmig-humorvollen Löwenfiguren bewacht (rechte Seite oben). Okinawa hat viele gute Tauchreviere (unten).

49 Okinawa – Tor zum Süden

Im alten Ryukyu-Königreich

Japans südlichste Präfektur trägt denselben Namen wie ihre größte Insel, die häufig einfach Honto (Hauptinsel) genannt wird. Als lebhaftes Zentrum einer subtropischen Inselwelt wartet sie nicht nur mit schönen Stränden auf, sondern auch mit einer einzigartigen Kultur. Abseits der quirligen Hauptstadt Naha, aber auch in deren Töpferviertel Tsuboya kann man sie heute noch entdecken.

Die Präfektur Okinawa umfasst den südlichen Teil einer 1300 Kilometer langen Inselkette, die sich von der Südspitze Kyushus bis fast nach Taiwan erstreckt. Historisch gesehen existieren sowohl eine enge Verbindung zu Japan als auch deutliche kulturelle Unterschiede. Ursprünglich war Okinawa ein unabhängiges Königreich mit dem Namen Ryukyu, das von seiner geografischen Lage zwischen Japan und China profitierte. Gesandtschaften pflegten den Kontakt zu beiden Ländern, mit denen reger Handel getrieben wurde. Offiziell war Ryukyu dem chinesischen Reich tributpflichtig, im Grunde jedoch war es unabhängig.

Dieser bevorzugte Status änderte sich radikal, als der in Satsuma, der heutigen Präfektur Kagoshima, ansässige Shimazu-Clan vom Tokugawa-Shogunat die Erlaubnis erhielt, Ryukyu zu erobern. Den mit Feuerwaffen ausgerüsteten Japanern hatten die Insulaner nichts entgegenzusetzen und mussten sich nach kurzem Kampf geschlagen geben. Es folgte eine quasi koloniale Periode, in der Ryukyu seine kulturellen Eigenheiten beibehielt, bis diese mit dem Aufkommen des japanischen Nationalismus am Ende des 19. Jahrhunderts unterdrückt wurden. Im Zweiten Weltkrieg war die stark befestigte Hauptinsel Schauplatz der Schlacht von Okinawa, einem dreimonatigen, zähen Ringen der amerikanischen Invasionstruppen und der japanischen Verteidiger, die beide kaum Rücksicht auf die Zivilbevölkerung nahmen. Anschließend blieb Ryukyu bis 1972 unter US-Besatzung.

Festungen aus alter und neuer Zeit

Noch immer gibt es mehrere große US-Stützpunkte auf der Hauptinsel, was von den meisten Einwohnern äußerst kritisch gesehen wird. Die Atmosphäre ist jedoch schon lange nicht mehr vom amerikanischen Militär geprägt, sondern vom innerjapanischen Tourismus. Europäer verirren sich relativ selten hierher, dabei hat Okinawa allerhand zu bieten.

Am Rand der Hauptstadt Naha hat man die wichtigsten Bauten von Shuri rekonstruiert, der rund 500 Jahre alten Königsstadt von Ryukyu. Die prachtvoll geschmückte rote Fassade von deren Burg lässt deutlich chinesische Einflüsse erkennen.

Aus derselben Zeit stammen die mächtigen Ruinen der Burgen Nakagusuku und Nakajin, die es bei einer Rundfahrt über die Insel zu entdecken gibt. Der Erinnerung an die grausamen Kämpfe des Jahres 1945 gewidmet sind die Gedenkstätten im Süden, darunter das einstige Hauptquartier der kaiserlichen Marine, unter dem sich ein insgesamt eineinhalb Kilometer langes Labyrinth aus Tunneln und Kammern befindet.

Im ländlichen Norden

Je weiter man sich in nördlicher Richtung von Naha entfernt, desto ruhiger wird es. Die Ziegeldächer traditioneller Häuser werden von Shisa geschützt, grimmigen Löwenfiguren, wie man sie sonst nur an Schreinen findet. Auf der Motobu-Halbinsel informiert ein aufwendig gestaltetes Museumsdorf über die alte bäuerliche Kultur der Ryukyu-Inseln. Zu sehen ist unter anderem das Haus einer Noro-Priesterin, die den mit seinem japanischen Gegenstück verwandten einheimischen Shinto repräsentierte. Das nahe Aquarium gehört zu den besten Japans.

Der Norden der lang gestreckten Insel ist dünn besiedelt und landwirtschaftlich geprägt. Im Dorf Kijoka wird aus Pflanzenfasern der wertvolle Bashofu-Stoff gewebt. Strände wechseln ab mit felsigen Abschnitten, bis Kap Hedo erreicht ist, dessen schroffe, mit tropischem Grün überwucherte Felsen ins bewegte Wasser des Pazifiks ragen.

UNTERWASSERZAUBER

Schnorchel- und Tauchausflüge kann man zwar durchaus auch direkt von der Hauptinsel aus unternehmen, doch erheblich romantischer geht es auf den Kerama-Inseln zu. Diese Gruppe aus 22 Eilanden ist nur gut dreißig Kilometer von Okinawa entfernt und in weniger als einer Stunde mit der Fähre von Naha aus erreichbar. Für Tauch-Enthusiasten sind die herrlichen weißen Sandstrände und die üppige Natur nur eine willkommene Zugabe zum Zauber der Korallenriffe, die sich auch gut zum Schnorcheln eignen. Große Hotels gibt es hier keine, aber angenehme Unterkünfte, die zur idyllischen Landschaft passen. Längere Tauchaufenthalte organisiert Open Coast (www.opencoasttravel.com).

WEITERE INFORMATIONEN ZU OKINAWA

Naha City Tourist Information Center: 2-1-4 Makishi, Naha, Tel. (098) 868-4887
Websites: www.pref.okinawa.jp/english, www.reefencounters.org

Weit schweift der Blick über die subtropische Landschaft und die azurblauen Buchten von Ishigaki, der Nachbarinsel von Iriomote.

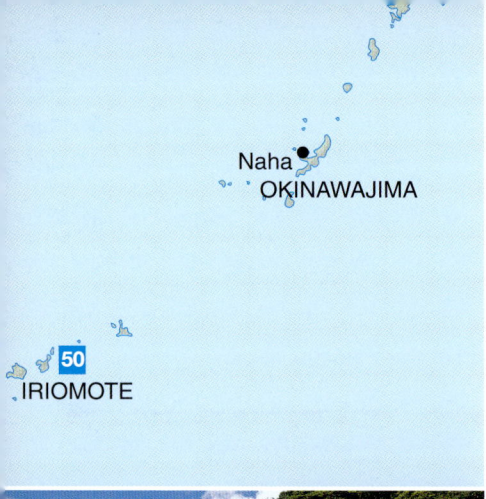

Der üppige Urwald und die Flüsse im Innern von Iriomote stehen unter Naturschutz (oben). Am Hoshizuna-Strand werden winzige, sternförmige Partikel von Muscheln angespült (rechte Seite unten). An den Korallenriffen rund um Ishigaki und Iriomote kann man die riesigen Mantarochen beobachten (rechte Seite oben).

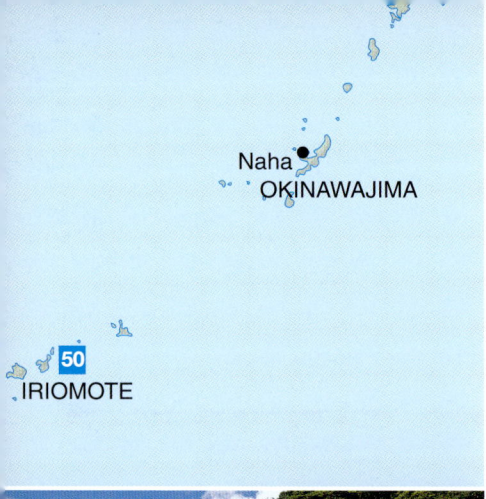

Naha
OKINAWAJIMA

50
IRIOMOTE

50 Iriomote

Ein subtropisches Paradies

Nur ein Katzensprung bis Taiwan ist es von den Yaeyama-Inseln im äußersten Südwesten der Präfektur Okinawa. Iriomote, das größte Eiland der Gruppe, ist von üppigem Urwald bedeckt. Bootsfahrten auf den zwei Dschungelflüssen führen zu rauschenden Wasserfällen. An den Korallenriffen rund um die Küste tummeln sich Delfine.

Dschungelflüsse und Korallen

Knapp zweitausend Kilometer von Tokio und noch über vierhundert Kilometer von der Hauptinsel Okinawa-jima entfernt ist der Yaeyama-Archipel, der östlich von Taiwan im Pazifik liegt. Kein Wunder, dass hier eine eigene Sprache gesprochen wird, die mit dem Japanischen zwar eng verwandt, für Außenstehende jedoch weitgehend unverständlich ist. Der Verwaltungssitz befindet sich auf der Insel Ishigaki, von deren Flughafen es Verbindungen nach Osaka, Tokio und Naha gibt. Per Flugzeug oder Fähre gelangt man von hier aus zu allen anderen Inseln der Gruppe.

Ein gesundes Klima

Internationale Bekanntheit erlangt haben die äußeren Inseln von Okinawa durch die außergewöhnliche Langlebigkeit ihrer Bewohner. Nirgendwo sonst gibt es prozentual gesehen so viele Hundertjährige oder so viele alte Menschen, die sich einer guten Gesundheit erfreuen. Zum Beispiel haben die Insulaner ein um achtzig Prozent geringeres Risiko von Herz-Kreislauf-Erkrankungen als die Bewohner westlicher Industrieländer. Woran das liegt, hat man noch nicht definitiv festgestellt, allerdings könnten die Ernährung und ein Klima der gegenseitigen Unterstützung eine große Rolle spielen. Das japanische Gesundheitsministerium finanziert eine groß angelegte Studie, an der mehr als sechshundert über hundertjährige Insulaner teilnehmen (nähere Informationen auf der Website www.okicent.org).

Wer den Yaeyama-Archipel besuchen möchte, hat die Qual der Wahl zwischen Ishigaki, Iriomote und mehreren deutlich kleineren Eilanden. Da man ohnehin auf Ishigaki landet, empfiehlt es sich, dort mindestens einen Tag zu verbringen. Noch charmanter ist allerdings Iriomote – unter anderem deshalb, weil es keinen Flugplatz besitzt. Das zu neunzig Prozent mit subtropischem Urwald bedeckte Innere steht großteils unter Naturschutz. Zugänglich ist es über die beiden größeren und mehrere kleinere Flüsse, deren Niederungen von Mangrovensümpfen gesäumt sind.

Paddeltouren und Tauchgänge

Auf die beiden bekanntesten Tierarten der Insel wird man wegen ihrer Seltenheit höchstwahrscheinlich nicht stoßen, was bei der Iriomote-Katze, einer Wildkatzenart, schade, im Falle der giftigen Habu-Grubenotter eher erfreulich ist. Wer bei einer Bootstour oder mit dem Kanu die Flüsse hinauffährt, gelangt zu mächtigen Wasserfällen und zum Ausgangspunkt eines Wanderwegs quer durch die Insel, der besser nur mit einem Führer begangen werden sollte. Angesichts seiner etwa zwanzig Kilometer Länge braucht man außerdem eine gute körperliche Verfassung, da Wandern in subtropischen Regionen besondere gesundheitliche Anforderungen an den Körper stellt.

Schöne Strände hat Iriomote natürlich auch, darunter Hoshizuna-no-hama, zu Deutsch »Sternsandstrand«, wo winzige sternförmige Partikel von Muschelschalen angespült werden. Auf dem Inselchen Yubu, das direkt vor der Küste liegt, spaziert man durch einen tropischen Obstgarten. Vor allem wird die Insel jedoch wegen der fantastischen Tauch- und Schnorchelmöglichkeiten besucht, die ihre unberührten Korallenriffe bieten. Die meisten Veranstalter starten von den Orten an der Nordküste aus, besonders zuverlässig ist Mr. Sakana (Tel. 0980-85-6472).

Zu den besonderen Attraktionen gehören Delfine, die man vor allem im Sommer regelmäßig beobachten kann, und Mantarochen. Wer diese gewaltigen Tiere unbedingt sehen will, sollte allerdings vor oder nach dem Besuch von Iriomote einen Tauchgang auf Ishigaki einplanen.

WOHNEN FÜR JEDEN GELDBEUTEL

Gleich am Hafen von Uehara steht »Kanpiro-so«, ein nettes, preiswertes Minshuku mit Zimmern im japanischen Stil. Das Personal spricht nur wenig Englisch, ist aber freundlich und gern bereit, Touren und Tauchgänge zu organisieren. Wer eine luxuriöse Unterkunft sucht, ist im »Painumaya Resort« bestens aufgehoben. Der moderne, äußerst ansprechende Bau fügt sich harmonisch in die grüne Umgebung ein. Eine besonderes Plus sind die hübsch gestalteten Becken des südlichsten Thermalbads in Japan.

Kanpira-so: Tel. (0980) 85-6508, www.kanpira.com/english

Painumaya Resort: Tel. (0980) 85-5700, E-Mail painumaya@iriomote.com

WEITERE INFORMATIONEN ZU IRIOMOTE

Ishigaki Tourist Information: Im Rathaus der Insel Ishigaki, Tel. (0980) 82-1243, E-Mail cir@city.ishigaki.okinawa.jp
Websites: www.city.ishigaki.okinawa.jp/International/tourist.html, www.hirata-group.co.jp/english

Kagura, der uralte kultische Tanz des Shinto, wird vor allem in ländlichen Gemeinden noch regelmäßig aufgeführt (linke Seite). Die weißen Gewänder der drei Jungen symbolisieren Reinheit (rechte Seite).

Register

Die besten Zeiten für eine Reise nach Japan sind der Frühling mit der Kirsch-blüte, hier vor den Mauern der Burg von Hikone (oben), und der Herbst, in dem das Laub der Bäume in bunten Farben leuchtet (Mitte). Beim Hakone-Schrein am Fuße des Fuji steht ein Torii im klaren Wasser des Ashi-Sees (unten).

Besonders üppig ist die Azaleenblüte auf den Hochflächen der Japanischen Alpen in der Nähe von Matsumoto (oben). An den Hängen der Präfektur Kochi im Süden von Shikoku wird Tee angebaut (Mitte). Nur noch zur Brauchtumspflege steigen Taucherinnen (Ama) in ihren weißen Gewändern beim Fackelschein ins Meer (unten).

20000 Laternen flackern beim Tokae-Fest von Nara auf den Flächen des Parks (oben). Ein Kontrast, an den man sich bei einer Japanreise gewöhnen muss, ist das unvermittelte Nebeneinander von Alt und Neu (Mitte). Viele Jahre dauert die Ausbildung der Maiko, bevor sie sich mit der Bezeichnung Geisha schmücken darf (unten).

Impressum

Bernhard Kleinschmidt, promovierter Germanist, unterrichtete fünf Jahre deutsche Sprache und Literatur an der Waseda-Universität in Tokyo. Auf vielen Reisen lernte er auch entlegene Winkel Japans kennen. Sein besonderes Interesse gilt dem Zen-Buddhismus und dessen kultureller Wirkung. Als Autor und Redakteur betreut er Reiseführer zu Japan und kommt zur Leitung von Studienreisen regelmäßig ins Land. Wenn er nicht unterwegs ist, lebt er als Übersetzer und Yogalehrer in München.

Unser Gesamtverzeichnis finden Sie unter: www.bruckmann.de

Produktmanagement: Joachim Hellmuth
Bild: Interfoto, München
Text: Bernhard Kleinschmidt
Lektorat: Thomas Theise
Layout: graphitecture book, Rosenheim
Kartografie: Astrid Fischer-Leitl, München
Umschlaggestaltung: Studio Schübel Werbeagentur, München, unter Verwendung von drei Bildern der Agentur Huber, Garmisch-Partenkirchen (Vorderseite)
Herstellung: Bettina Schippel
Repro: Repro Ludwig, Zell am See
Printed in Italy by Printer Trento

Alle Angaben dieses Werkes wurden vom Autor sorgfältig recherchiert und auf den aktuellen Stand gebracht sowie vom Verlag geprüft. Für die Richtigkeit der Angaben kann jedoch keine Haftung übernommen werden.

Für Hinweise und Anregungen sind wir jederzeit dankbar. Bitte richten Sie diese an:
Bruckmann Verlag
Postfach 400209
D–80702 München
E-Mail: lektorat@bruckmann.de

Bildnachweis:
Interfoto Bildagentur München

interfoto

Alle Bilder im Innenteil stammen von Interfoto, München mit Ausnahme von:
Picture-Alliance/dpa, Frankfurt am Main:
Seite 9 Mitte, 79 o.r., 85 (2), 102 (2), 103 unten, 127 oben, 136 Mitte, 136/137, 160, 161, 163 r.u., Nachsatz

Umschlagvorderseite:
Oben: Fuji
Mitte: Tempelchen Ukimi-do im Biwa-See
Unten: Geisha vor dem Kinkakuji, Kyoto
Vordere Klappe: Kyoto, Kiyomizu-dera
Umschlagrückseite: Zen-Garten in Kyoto, Shinto-Tore am Fushimi Inari Taisha, Priester der Schreine von Ise
Hintere Klappe: Verwaltungsgebäude der Präfektur Tokyo (Klappe),
Vorsatz: Burg von Himeji
Seite 1: Geisha in Kyoto
Seite 2/3: Fuji
Hintersatz: Karpfenfahnen am Kindertag

Die Deutsche Nationalbibliothek verzeichnet diese Publikation in der Deutschen Nationalbibliografie; detaillierte bibliografische Daten sind im Internet unter http://dnb-nb.de abrufbar.

© 2010 Bruckmann Verlag GmbH, München
ISBN 978-3-7654-5426-4

Echte Reise-Highlights

DIE ALPEN
HIGHLIGHTS
Dagmar Kluthe
Udo Bernhart
DIE **50** ZIELE, DIE SIE GESEHEN HABEN SOLLTEN
BRUCKMANN

ISBN 978-3-7654-4889-8

AUSTRALIEN
HIGHLIGHTS
Holger Leue
Jochen Müssig
DIE **50** ZIELE, DIE SIE GESEHEN HABEN SOLLTEN
BRUCKMANN

ISBN 978-3-7654-4828-7

DEUTSCHLAND
HIGHLIGHTS
Thomas Kliem
Edda und Michael Neumann-Adrian
DIE **50** ZIELE, DIE SIE GESEHEN HABEN SOLLTEN
BRUCKMANN

ISBN 978-3-7654-5154-6

IRLAND
HIGHLIGHTS
Martina Kreintz, Jörg Berghoff
DIE **50** ZIELE, DIE SIE GESEHEN HABEN SOLLTEN
BRUCKMANN

ISBN 978-3-7654-5214-7

JAPAN
HIGHLIGHTS
Peter Kleinschmidt
DIE **50** ZIELE, DIE SIE GESEHEN HABEN SOLLTEN

ISBN 978-3-7654-5426-4

KANADA
HIGHLIGHTS
Christian Heeb
Margit Brinke
Peter Kränzle
DIE **50** ZIELE, DIE SIE GESEHEN HABEN SOLLTEN
BRUCKMANN

ISBN 978-3-7654-4760-0

NEUSEELAND
HIGHLIGHTS
Clemens Emmler
Thomas Sebastian Frank
DIE **50** ZIELE, DIE SIE GESEHEN HABEN SOLLTEN
BRUCKMANN

ISBN 978-3-7654-4750-1

NORWEGEN
HIGHLIGHTS
Petra Woebke
Hans-Joachim Spitzenberger
DIE **50** ZIELE, DIE SIE GESEHEN HABEN SOLLTEN
BRUCKMANN

ISBN 978-3-7654-4827-0

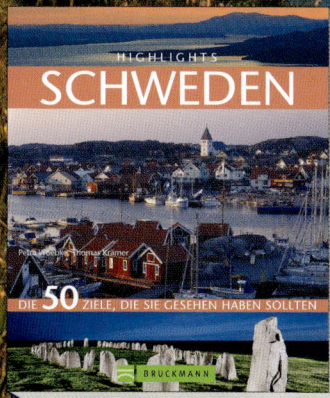

SCHWEDEN
HIGHLIGHTS
Petra Woebke, Thomas Kramer
DIE **50** ZIELE, DIE SIE GESEHEN HABEN SOLLTEN
BRUCKMANN

ISBN 978-3-7654-4973-4

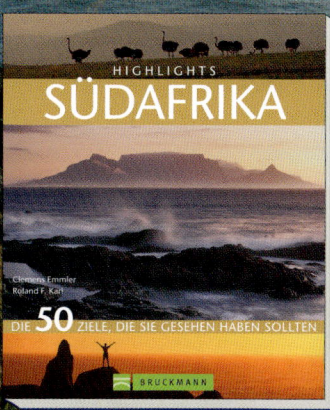

SÜDAFRIKA
HIGHLIGHTS
Clemens Emmler
Roland F. Karl
DIE **50** ZIELE, DIE SIE GESEHEN HABEN SOLLTEN
BRUCKMANN

ISBN 978-3-7654-4748-8

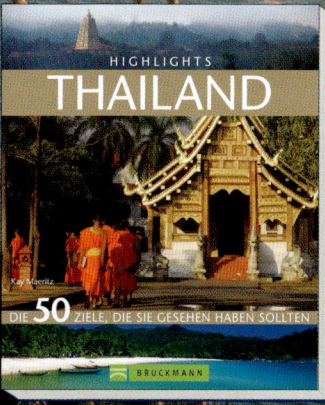

THAILAND
HIGHLIGHTS
Kay Maeritz
DIE **50** ZIELE, DIE SIE GESEHEN HABEN SOLLTEN
BRUCKMANN

ISBN 978-3-7654-4749-5

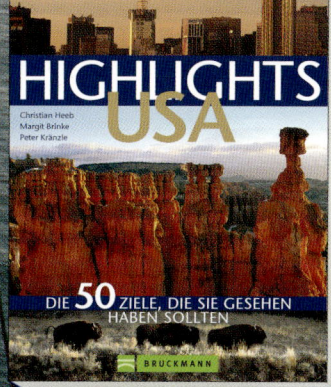

**HIGHLIGHTS
USA**
Christian Heeb
Margit Brinke
Peter Kränzle
DIE **50** ZIELE, DIE SIE GESEHEN HABEN SOLLTEN
BRUCKMANN

ISBN 978-3-7654-4604-7

Das komplette Programm unter
www.bruckmann.de

BRUCKMANN